Achim Schmidtmann (Hrsg.)

Katrin Becker, Catharina Beschmann, Nikolai Del, Maximilian Hlawna, Luca resa Lampe, Jannis Lindrath, Marvin l ... ᴖ, ᴖner-bel-Urhoi Öz, Helge Schakau, Robin Scheel, Michael Taylor, Tim Trussat, Joyce Windus, Pascal Wirths, Jan-Andre Zinser (Autoren)

IT-Service-Management (in OWL)

Umfrage und aktuelle Trends

Fragen zu stellen lohnt sich immer - wenn es sich auch nicht immer lohnt, sie zu beantworten.

Oscar Wilde (1854-1900)

irischer Schriftsteller

Ein idealer Gatte, 2. Akt

Achim Schmidtmann (Hrsg.)

Katrin Becker, Catharina Beschmann, Sarah Brokmeier, Stefan Bültel, Nikolai Del, Maximilian Hlawna, Lucas Höcker, Denys Khavin, Theresa Lampe, Jannis Lindrath, Marvin Lückenotto, Dennis Null, Cherbel-Urhoi Öz, Helge Schakau, Robin Scheel, Michael Taylor, Tim Trussat, Joyce Windus, Pascal Wirths, Jan-Andre Zinser (Autoren)

IT-Service-Management (in OWL)

Umfrage und aktuelle Trends

1. Auflage

März 2019

Alle in diesem Buch enthaltenen Informationen, Verfahren und Darstellungen wurden nach bestem Wissen zusammengestellt und mit Sorgfalt getestet. Dennoch sind Fehler nicht ganz auszuschließen. Aus diesem Grund sind die im vorliegenden Buch enthaltenen Informationen mit keiner Verpflichtung oder Garantie irgendeiner Art verbunden. Die Autoren übernehmen infolgedessen keine juristische Verantwortung und werden keine daraus folgende oder sonstige Haftung übernehmen, die auf irgendeine Art aus der Benutzung dieser Informationen – oder Teilen davon – entsteht.

Ebenso übernehmen die Autoren keine Gewähr dafür, dass beschriebene Verfahren usw. frei von Schutzrechten Dritter sind. Die Wiedergabe von Gebrauchsnamen, Handelsnamen, Warenbezeichnungen usw. in diesem Buch berechtigt deshalb auch ohne besondere Kennzeichnung nicht zu der Annahme, dass solche Namen im Sinne der Warenzeichen- und Markenschutz-Gesetzgebung als frei zu betrachten wären und daher von jedermann benutzt werden dürften.

Bibliografische Information der Deutschen Nationalbibliothek:

Die Deutsche Nationalbibliothek verzeichnet diese Publikation in der Deutschen Nationalbibliographie; detaillierte bibliografische Daten sind im Internet über http://dnb.dnb.de abrufbar.

© 2019 Achim Schmidtmann

Herstellung und Verlag: BoD – Books on Demand, Norderstedt

ISBN 978-3-7494-2041-4

Inhalt

Markenrechtlicher Hinweis

Die in diesem Band wiedergegebenen Gebrauchsnamen, Handelsnamen, Warenzeichen usw. können auch ohne besondere Kennzeichnung geschützte Marken sein und als solche den gesetzlichen Bestimmungen unterliegen.

Business Process Framework® (eTOM) ist eine eingetragene Marke des TMForum.

CMMI® ist eine eingetragene Marke der Carnegie Mellon University.

COBIT® ist eine eingetragene Marke der Information Systems Audit and Control Association® (ISACA®) und des IT Governance Institute®.

FitSM® ist eine eingetragene Marke von ITEMO.

ITIL® ist eine eingetragene Marke von AXELOS Limited.

IT Infrastructure Library® ist eine eingetragene Marke von AXELOS Limited.

Microsoft® ist eine eingetragene Marke der Microsoft Corporation.

TOGAF® ist eine eingetragene Marke von The Open Group.

The Zachman Framework ist eine eingetragene Marke der Zachman International Inc.

Sämtliche in diesem Band abgedruckten Bildschirmabzüge unterliegen dem Urheberrecht © des jeweiligen Herstellers.

Hinweis zur Verwendung der männlichen und weiblichen Form

Aus Gründen der besseren Lesbarkeit wird im Folgenden auf die gleichzeitige Verwendung männlicher und weiblicher Sprachformen verzichtet. Sämtliche Personenbezeichnungen gelten gleichwohl für beiderlei Geschlecht.

X

Vorwort

Der Grundstein für IT-Service-Management (ITSM) wurde Ende der 80er Jahre des 20. Jahrhunderts mit der Entwicklung der IT Infrastructure Library (ITIL) gelegt. Ziel war bereits damals die Entwicklung zweckmäßiger und wirtschaftlicher Verfahrensweisen für die Erbringung von IT-Dienstleistungen. In den darauffolgenden Jahren wurde ITIL zu dem gängigsten Best Practice Ansatz und zum De-Facto-Standard für IT-Service-Management. Neben ITIL entwickelten sich aber auch einige weitere ITSM Frameworks und seit 2005 gibt es mit der ISO/IEC 20000 auch eine zertifizierbare Norm.

Der IT-Dienstleister Materna aus Dortmund hat in den Jahren 2003 bis 2009 regelmäßig ITSM Befragungen durchgeführt und den Status Quo von ITIL in Deutschland unter besonderer Beachtung des Umsetzungsstands und der Planung für die ITIL-Prozesse ermittelt. Dabei wurde ITIL ein hoher Verbreitungsgrad bescheinigt. Die Vorteile der Prozesse wurden in der einheitlichen Vorgehensweise, Transparenz und höheren Qualität gesehen, während der hohe Verwaltungsaufwand sowie Schwierigkeiten bei der Definition von Prozessschnittstellen als Nachteile genannt wurden.

Nachdem in 2011 ITIL V3 in überarbeiteter Fassung erschienen war, wurde es um ITSM eher etwas ruhig. Dieses liegt sicherlich nicht zuletzt darin begründet, dass das Thema und seine teilweise oder auch umfassendere Umsetzung basierend auf unterschiedlichen Frameworks oder Standards mittlerweile der Normalfall in vielen Unternehmen, Öffentlichen Betrieben und Verwaltungen geworden ist und über derartige Standards wird immer weniger publiziert.

In den letzten 2-3 Jahren kann man aber wieder sehr viel mehr Bewegung rund um ITSM feststellen, dabei werden insbesondere die Begriffe DevOps, Agile und Lean in Zusammenhang mit ITSM gebracht, die nun auch Eingang in die neue ITIL Version 4 finden. Diskutiert wird auch seit einiger Zeit über den Enterprise Service Management (ESM) Ansatz, der die Vorteile von ITSM auf andere Unternehmensbereiche ausweiten will. Hinzu kommt, dass der IT-Service Markt immer weiter wächst, so die von Capgemini durchgeführt IT-Trends-Studie 2019, dass fast 50 Prozent der CIOs die Outsourcing-Quote erhöhen und der Ausbau der Cloud-Kapazitäten (eigene und externe) ist nach Meinung dieser unter den fünf wichtigsten Maßnahmen für den Erfolg der Digitalisierung. Damit steigt auch der Bedarf nach einem transparenten, zuverlässigen, sicheren, qualitativ hochwertigen und effizienten ITSM.

Genau hier setzt unsere Umfrage unter Unternehmen, Öffentlichen Betrieben und Verwaltungen der Region Ostwestfalen-Lippe an, mit dem Ziel deren ITSM Status Quo zu bestimmen. Sie wurde von Masterstudierenden der Wirtschaftsinformatik der Fachhochschule (FH) Bielefeld im Masterkurs „IT-Service-Management" durchgeführt. Neben der Durchführung der Umfrage haben die Studierenden und ich auch sechs Beiträge zu oben bereits größtenteils angesprochenen aktuellen Trends im ITSM verfasst. Damit wurden sicherlich nicht alle derzeitig diskutierten Themen behandelt, aber eine sorgfältige Auswahl ermöglichte eine breite Abdeckung.

Abschließend möchte ich als Dozent dieses Kurses noch anführen, dass ich mich über das Engagement und das große Interesse der beteiligten Studierenden an diesem Projekt sehr gefreut habe.

Zu guter Letzt bitte ich unsere Leser um ihre Kritik und Anregungen. Sie erreichen mich per E-Mail unter:

achim.schmidtmann@fh-bielefeld.de

Bielefeld im März 2019

Prof. Dr. Achim Schmidtmann

Geleitwort

Service Management ist eine der zentralen Aufgaben in Unternehmen und Behörden. Wie gestalte ich die Aufbau- und Ablauforganisation, um den Anwendern und Kunden transparente, verbesserungsfähige, nachhaltige und effiziente Prozesse für die Gestaltung und Lieferung von (IT) Services zu bieten?

ITSM ist die Schlüssel-Disziplin für diese Services und Prozesse. Die anerkannte Methode dafür ist die ITIL. Und dies mit einem hohen Reifegrad und der Erfahrung aus über 25 Jahren Praxis. Jede Umfrage, die die Bedeutung des ITSM unterstreicht und zeigt, wie weit die IT Organisationen mit den ITSM Prozessen sind, hilft zur Bestimmung des eigenen Standpunktes und für die gezielte Verbesserung. Von den 34 Prozessen und Funktionen des ITSM nach ITIL V3 (2011) haben inzwischen mindestens 50 % der IT Organisationen mindestens 4-6 der ITSM Prozesse implementiert. Und dies vor allem im Bereich der Service Transition und der Service Operation, oft über ein ITSM Tool gesteuert. Teilweise werden diese Prozesse von externen Serviceunternehmen erbracht, die eine deutlich höhere Anzahl von Prozessen implementiert haben, als die Anwender-Organisationen.

Eine Umfrage im regionalen Kontext ist daher eine wichtige Standortbestimmung. Wie weit sind andere? Was ist Best Practice?

OWL ist traditionell eine IT-starke Region. Hersteller wie Nixdorf trugen von hier aus zum Siegeszug der Digitalisierung bei, zahlreiche größere IT-Provider und Outsourcing-Unternehmen haben hier ihren Sitz. Die größeren IT Firmen setzen inzwischen alle das ITSM Framework für die Lieferung der Services ein, meist kombiniert mit anderen Standards.

Die Publikation der Umfrage und des begleitenden Materials kommt gerade zum jetzigen Zeitpunkt recht. Zum einen überlegen viele, die robusten Prozesse des ITSM auch auf andere Geschäftsbereiche und Services in den Unternehmen auszuweiten (Stichwort Enterprise Service Management). Zum anderen werden bereits etablierte Methoden wie DevOps oder Agile in das im Jahr 2019 zu veröffentlichende renovierte Framework ITIL 4 integriert. Die Anwendung beider zukunftsorientierten Methoden muss mit einer Analyse des Ist-Zustandes und des Reifegrades beginnen. Und dafür leistet die OWL-Umfrage für das ITSM einen wertvollen Beitrag.

Kirchhain, im März 2019

RA Jürgen Dierlamm

Kanzlei für IT-Compliance

ehem. Geschäftsführer des

it Service Management Forums Deutschland (itSMF) e.V

Einleitung

Dieser erste Abschnitt des Buches soll neben der Motivation, dem Ziel und dem Aufbau des Buches insbesondere auch eine kurze Einführung in IT-Service-Management und ITSM Normen, Frameworks und Standards bieten. Außerdem wird erläutert, was sich hinter OWL verbirgt.

Motivation und Ziel

Dieses Buch ist im Rahmen der Veranstaltung „IT-Service-Management" im Masterstudiengang Wirtschaftsinformatik an der FH Bielefeld entstanden. Die Motivation für dieses Buch bzw. die Umfrage und die weiteren Themenbeiträge lag einerseits in der Vertiefung und praktischen Umsetzung sowie Nutzung des Lernstoffs der Veranstaltung für die Studierenden. Andererseits sollte das Projekt herausstellen wie der aktuelle Status von IT-Service-Management in Unternehmen, Öffentlichen Betrieben und Verwaltungen in Ostwestfalen-Lippe (OWL) ist.

Dabei sollte sowohl eruiert werden, welche Kenntnisse und Erfahrungen die Betriebe mit ITSM, den verschiedenen Frameworks und Normen sowie einigen ITSM-Prozessen gesammelt haben, als auch welche Werkzeuge sie einsetzen und wie wichtig sie aktuelle Trends im ITSM einschätzen bzw. wie gut sie sich auf die Digitalisierung generell vorbereitet sehen.

Zusätzlich verfolgen die Beiträge zu eben diesen Trends bzw. aktuell relevanten ITSM-Themen im zweiten Abschnitt des Buches das Ziel, eine gewisse Aufklärungsarbeit zu leisten und die Inhalte hinter diesen Schlagwörtern und ihre Beziehung zu ITSM möglichst umfassend und verständlich zu vermitteln.

Die Beschränkung auf die Region OWL war insbesondere dem Umstand geschuldet, dass semesterbedingt nur eine recht kurze Zeit für die Umfrage zur Verfügung stand, sodass wir einen Adressatenkreis gewählt haben, der einerseits begrenzt war und zu dem es andererseits bereits viele persönliche Beziehungen gab.

Aufbau des Buchs

Das Buch gliedert sich zuerst einmal in zwei große Abschnitte und zwar die durchgeführte ITSM Umfrage in OWL und die aktuellen Trends und Herausforderungen im Bereich ITSM. Der Umfrage-Abschnitt ist weiter unterteilt in die einzelnen Phasen der Umfrage von der Initiierungsphase mit der Ziel- und Adressatenfindung über die Fragebogenerstellung, Werkzeug-Auswahl und Durchführung der Befragung bis zur Auswertung und Darstellung der Umfrageergebnisse. Jede dieser Phasen wurde von einem anderen Studierendenteam bearbeitet, wodurch die Einheitlichkeit und Übergänge zu einer kleinen Herausforderung wurden.

Im zweiten Abschnitt des Buches stellen die Teams jeweils einen Trend bzw. ein aktuell relevantes ITSM-Thema in einem eigenen Beitrag vor. Die Spanne der Themen reicht dabei von Agilität über DevOps, Schatten-IT und Enterprise Service Management bis zu IT-Sicherheit und Datenschutz. Zusätzlich wird ein kleiner Einblick in ITIL 4 gegeben. In allen Beiträgen wird erst in die jeweiligen Schlagwörter detailliert eingeführt, dann die Verbindung zu ITSM hergestellt und schließlich erfolgt eine kritische Bewertung in Bezug auf die vorteilhafte Wirkung dieser Trends für ITSM.

Bevor nun der Abschnitt Umfrage startet, führt dieses Buch in IT-Service-Management und einige ITSM Normen, Frameworks und Standards ein, um auch den in ITSM unerfahrenen Lesern einen guten Einstieg zu ermöglichen.

IT-Service-Management

Zuerst gilt es den Begriff IT-Service-Management bzw. seine Bestandteile genauer unter die Lupe zu nehmen. Informationstechnologie (IT) umfasst die technischen Services und Funktionen zur Informations- und Datenverarbeitung sowie die dahinterliegende technische IT-Infrastruktur. Die Bereitstellung der Services und Funktionen kann sowohl physisch vor Ort als auch über Netzwerke z.B. aus der Cloud erfolgen.

Service ist eine definierte Aufgabe (z.B. IT-Dienstleistung), die erforderlich ist, um einen bestimmten Geschäftsprozess durchführen zu können.[1] Durch Services entstehen Mittel, die dem Kunden das Erreichen seiner angestrebten Ziele erleichtern *oder* diese fördern. Diesen Mehrwert erhält der Kunde ohne dabei Verantwortung für Risiken und Kosten tragen zu müssen. Services können somit die Performance erhöhen und gegebenenfalls Beschränkungen verringern.[2]

ITIL definiert den Begriff „Service" folgendermaßen:

> *"Eine Möglichkeit, einen Mehrwert für Kunden zu erbringen, indem das Erreichen der von den Kunden angestrebten Ergebnisse erleichtert oder gefördert wird. Dabei müssen die Kunden selbst keine Verantwortung für bestimmte Kosten und Risiken tragen."*[3]

Der Begriff „IT-Service" stellt eine Konkretisierung des allgemeinen Begriffs „Service" auf den Bereich der IT dar:

> *"Ein Service, der für einen oder mehrere Kunden von einem IT Service Provider bereitgestellt wird. Ein IT Service basiert auf*

---

[1] Vgl. Köhler (2007), S. 30.
[2] Vgl. Van Bon (2008), S. 21.
[3] Vgl. Buchsein et al. (2008), S. 12.

17

dem Einsatz der Informationstechnologie und unterstützt die Business-Prozesse des Kunden. Ein IT Service besteht aus einer Kombination von Personen, Prozessen sowie Technologie und sollte in einem Service Level Agreement[4] definiert werden."[5]

Unter Management versteht man das Planen, Steuern (Führen und Organisieren) und Kontrollieren eines bestimmten Themenbereichs z.B. der Services im oder für ein Unternehmen.

In der ITIL Literatur wird „Service Management" folgendermaßen definiert:

"Service Management is a set of specialized organisational capabilities for providing value to customers in the form of services."[6]

Übersetzt bedeutet das dem Sinn nach:

"Service Management ist ein Set von spezialisierten (fachlichen), organisatorischen Fähigkeiten zur Bereitstellung eines Mehrwertes für den Kunden in Form von Services."[7]

Zusammengefasst können mit IT-Service-Management die Geschäftsprozesse im Unternehmen bestmöglich durch die IT-Organisation und innerhalb eines vorhandenen IT-Budgets unterstützt werden. Hierfür stehen eine Vielzahl von verschiedenen Maßnahmen, Methoden und Ansätzen zur Verfügung, auf die im folgenden Abschnitt kurz eingegangen wird.

---

[4] Service Level Agreement bezeichnet eine Vereinbarung zwischen Auftraggeber und Dienstleister für eine erforderliche Konkretisierung der Leistungsverpflichtungen. Vgl. Bernhard et al. (2006), S. 285-287.

[5] Vgl. Buchsein et al. (2008), S. 13.

[6] Service Strategy (2007), S. 15.

[7] Vgl. Van Bon (2008), S. 21.; Vgl. ähnlich auch Beims (2008), S. 3.

Aus den Vereinbarungen über die zu erbringenden Services sowie den kundenspezifischen Anforderungen in Abhängigkeit der vorhandenen Möglichkeiten der IT-Organisation, ergeben sich die Ziele des ITSM. Kern dabei ist, neben der Bereitstellung der Services in der vereinbarten Qualität zum richtigen Zeitpunkt und im korrekten Umfang, die Orientierung am Bedarf der Benutzer, denn die individuelle Wahrnehmung spielt eine entscheidende Rolle für die Akzeptanz der definierten IT-Services.[8]

Zur Planung, Überwachung und Steuerung der Qualität und Quantität der IT-Services, muss das IT-Service-Management dabei nach folgenden Kriterien gestaltet werden:[9]

- **Zielgerichtet:** IT-Services richten sich an definierten Zielen aus und werden an diesen gemessen.
- **Geschäftsprozessorientiert:** Bestmögliche Unterstützung der Geschäftsprozesse des Kunden durch die IT-Services.
- **Benutzerfreundlich:** Nicht nur die objektive Qualität der IT-Services muss hochwertig sein, sondern auch die subjektive Wahrnehmung, denn Akzeptanz durch den Benutzer (Kunden) spielt eine entscheidende Rolle.
- **Wirtschaftlich:** Die Effizienz (Zielerreichung mit angemessenem Aufwand) muss betrachtet und fortlaufend optimiert werden.

Während in der Vergangenheit Effizienzverbesserung und Optimierung die vorrangigen Ziele waren, so rücken heute Themen wie Kundennähe, Innovation, Skalierung und Plattformen in den Vordergrund von ITSM, die allerdings ohne eine hohe Prozesseffizienz als Basis nicht möglich sind.[10].

---

[8] Vgl. Beims (2008), S. 2.
[9] Vgl. Beims (2008), S. 3.
[10] Vgl. Studie IT Service Management (2018).

ITSM Normen, Frameworks und Standards

Nachdem ITIL bereits im Vorwort Erwähnung gefunden hat und auch im letzten Abschnitt als Quelle für die Definition von ITSM herangezogen wurde, wird sie hier noch einmal kurz vorgestellt. Darüber hinaus soll dieser Abschnitt weitere Normen, Frameworks, Modelle und Standards des ITSM und verwandten Bereichen präsentieren.

ITIL wird als neutrale Best Practice- bzw. Good Practice-Sammlung[11] betrachtet und steht in Form eines als Industriestandard geltenden Regelwerkes Institutionen zur Verfügung.[12] Sie hat sich über Jahrzehnte entwickelt und stellt die Prozesse, die Aufbauorganisation und die Werkzeuge, welche für die Entscheidungsebenen übergreifende Umsetzung von IT-Services vorhanden sein müssen, dar. Ihr Ziel ist es, die Qualität der IT-Services im Hinblick auf die jeweils verbundenen Geschäftsziele zu verbessern. Das zentrale Augenmerk liegt dabei auf dem wirtschaftlichen Mehrwert des Kunden, der durch den IT-Betrieb zu erbringen ist.[13] „Innerhalb von ITIL sind Konzepte oder Frameworks (Rahmenrichtlinien) von IT-Profis aus der Praxis für die Praxis (Best practices) beschrieben."[14]

Auf die letztlich veröffentlichte neue Version des Regel- und Definitionswerks, ITIL 4, wird im zweiten Buchabschnitt genauer eingegangen. Dabei werden insbesondere die Neuerungen und Unterschiede zur Vorgängerversion ITIL V3 2011 im Detail erläutert.

---

[11] Unter den Begriffen Best bzw. Good Practice werden optimale bzw. vorbildliche Methoden, Praktiken oder Vorgehensweisen verstanden, die sich in Unternehmen bewährt haben.
[12] Vgl. Ebel (2008), S. 39.
[13] Vgl. Root, Schmidtmann (2015), S. 26.
[14] Köhler (2007), S. 24.

Gemäß ihrer konzeptionellen Ansätze gelten außerdem folgende Methoden als Best Practice für das ITSM, auch wenn nicht alle explizite ITSM-Frameworks sind:

- **ISO/IEC 20000**[15] - eine international anerkannte Norm zum ITSM, in der die Anforderungen für ein professionelles ITSM dokumentiert sind. Zielgruppe der Norm ist insbesondere das Management, welches nach ihren Anforderungen die Abläufe der eigenen IT-Organisation auditieren und zertifizieren lassen kann.
- **Business Process Framework (eTOM)**[16] – das vom TeleManagement Forum herausgegebene Rahmenwerk für Geschäftsprozesse von Unternehmen im Bereich der Telekommunikation und IT-Dienstleistung basiert auf einem wesentlich umfassenderen Prozessmodell, das nicht nur Management-Prozesse, sondern auch viele operative Prozesse für die Service-Bereitstellung beinhaltet. Außerdem verfügt eTOM über ein Datenmodell zu jedem Detailprozess, was zur Datenintegration zwischen den Applikationen beiträgt.
- **COBIT**[17] - ein international anerkanntes Framework zur IT-Governance[18], welches die Aufgaben der IT in Prozesse und Control Objectives unterteilt. Mittels dieser lassen sich die Konzepte von ITIL und die darin beschriebenen Prozesse abbilden. Ebenso wie ITIL stellt COBIT in erster Linie dar, was umzusetzen ist und nicht wie die Anforderungen und Ziele zu erfüllen sind.

---

[15] Vgl. Disterer (2012).

[16] Der Begriff "eTOM" steht für "Enhanced Telecom Operation Map". Das TM Forum hat es seit 2013 in "Business Process Framework" umbenannt.

[17] Vgl. De Haes, Van Grembergen (2015).

[18] Die IT-Governance ist verantwortlich für die Führung, die Organisationsstrukturen und die Prozesse, der IT-Abteilung und stellt sicher, dass die Unternehmensstrategie und -ziele unterstützt werden.

- **Microsoft Operations Framework (MOF)**[19] – wurde auf den Konzepten von ITIL entwickelt und verdeutlicht, wie diese in einer Microsoft-Umgebung umgesetzt werden können. Somit umfasst es neben dem «Was» auch das «Wie».
- **FitSM**[20] – eine Standardfamilie für leichtgewichtiges ITSM, deren Teile unter Creative-Common-Lizenzen veröffentlicht wurden. Ihr Prozessrahmenwerk orientiert sich stark an ITIL V2 und ISO/IEC 20000 und umfasst diverse Vorlagen für ITSM-Dokumente wie z. B. SLAs.

In den letzten Jahren wurden neben FitSM einige weitere, stärker auf den Mittelstand abzielende Frameworks und Modelle entwickelt, die gegenüber ITIL eine sehr viel geringere Komplexität aufweisen. Hierzu gehören u.a. das YASM®-Framework (Yet another Service Management Model), das Basismodell BSM (Basic Service Management) und das Prozessmodell Integrated Service Management® (ISM). Allerdings sind diese Modelle gegenüber den vorher aufgeführten Frameworks bisher in Deutschland noch nicht sehr weit verbreitet.

Dagegen sind die folgenden drei Normen und Frameworks vielfältig mit ITSM verknüpft, besitzen einen hohen Verbreitungsgrad und sind daher Teil der ITSM Umfrage:

- **ISO 9000 ff.**[21] - eine Normenreihe, die die Grundsätze für Maßnahmen zum Qualitätsmanagement prozessorientiert und mit einem risikobasierten Ansatz dokumentiert. Die EN ISO 9001 legt die Anforderungen an ein Qualitätsmanagementsystem fest. Die „Sieben Grundsätze des Qualitätsmanagements" bilden eine Grundlage der ISO/IEC 20000.

---

[19] Vgl. Earp (2012).
[20] Vgl. Rohrer, Söllner (2017)
[21] Vgl. Funke et al. (2000)

- **The Open Group Architecture Framework (TOGAF)**[22] – ein umfassender Ansatz für Entwurf, Planung, Implementierung und Wartung von Unternehmensarchitekturen. TOGAF definiert einen Prozess zur Entwicklung der Architektur: Die Architecture Development Method (ADM). Dieser Prozess kann ITSM auf strategischer und taktischer Ebene sinnvoll unterstützen.
- **Zachman Framework**[23] – ein domänenneutraler Ordnungsrahmen zur Entwicklung von Informationssystemen, um auf diese Weise die IT-Architektur einer Unternehmung erfolgreich aufzustellen. Es ist ebenfalls ein Framework für Enterprise Architecture Management (EAM), das wie auch TOGAF strategische und taktische Entscheidungen beim Service Management unterstützen kann.

Als weitere mit ITSM verbundene Frameworks hätten die Qualitätsmanagementmethodik Six Sigma, die Norm ISO/IEC 15504 (Spice) oder CMMI for Services (CMMI-SVC) sowie einige andere aufgeführt werden können. Die Studierenden haben hier eine bewusste Eingrenzung vorgenommen, deren Sinnhaftigkeit später aufgrund der Umfrageergebnisse noch einmal untersucht werden kann.

Zusammenfassend kann zu den ITSM Normen, Frameworks und Standards konstatiert werden, dass diese eine große Bandbreite abbilden und es eine Vielzahl von Ansätzen aus benachbarten Themenbereichen gibt, die in Teilen das ITSM betreffen bzw. beeinflussen. Gleichzeitig gibt es vielfältige Gemeinsamkeiten respektive Übereinstimmungen, die nicht zuletzt darauf zurückzuführen sind, dass die einen Grundlage der Entwicklung der anderen waren.

---

[22] Vgl. Kowalczuk, Orłowski (2014).
[23] Vgl. Hafner et al. (2006).

Um nun die bestmöglichen Ansätze für das eigene Unternehmen und die eigene IT-Organisation auszuwählen, gilt es einerseits einen guten Überblick und ein Verständnis der verschiedenen Ansätze aufzubauen und andererseits ihre Komponenten optimal zusammenzufügen und aufeinander abzustimmen. Unterstützung bei diesem komplizierten und komplexen Prozess bieten neben Fachliteratur, in der diese Vergleiche bereits vielfach thematisiert wurden, und erfahrenen Beratungsunternehmen insbesondere der Vergleich mit anderen Unternehmen aus derselben Branche, von derselben Größe oder mit anderen Übereinstimmungen. Für ein derartiges Benchmarking stellt unsere Umfrage einen hilfreichen Ausgangspunkt und eine gute Strukturgrundlage dar, auch wenn sie keine Unternehmen explizit benennt.

Verwendete und weiterführende Literatur

Beims, Martin: IT-Service-Management in der Praxis mit ITIL – Zielfindung, Methoden, Realisierung; 1. Auflage 2008; Verlag: Carl Hanser Verlag GmbH & Co. KG, München.

Bernhard, Martin G., Mann, Hartmut, Lewandowski, Winfried, Schrey, Joachim: Praxishandbuch Service-Level-Management – Die IT als Dienstleistung organisieren; 2. Auflage 2006; Verlag: Symposion Publishing GmbH, Düsseldorf.

Buchsein, Ralf, Victor, Frank, Günther, Holger, Machmeier, Volker: IT-Management mit ITIL V3 – Strategien, Kennzahlen, Umsetzung; 2. Auflage 2008; Verlag: Vieweg + Teubner / GWV Fachverlage GmbH, Wiesbaden.

De Haes S., Van Grembergen W.: COBIT as a Framework for Enterprise Governance of IT. In: Enterprise Governance of Information Technology. Management for Professionals. Springer, Cham Disterer, V. G., (2012). Zertifizierung des IT-Service-Managements nach ISO 20000. Wirtschaftsinformatik & Management: Vol. 4, No. 6. Verlag: Springer. (S. 70-80), 2015.

Earp, Sean: Microsoft Operations Framework (MOF) 4.0 Fundamentals, URL: https://blogs.technet.microsoft.com/ptsblog/2012/10/02/microsoft-operations-framework-mof-4-0-fundamentals/ , abgerufen am 20.03.2019

Ebel, Nadin: ITIL V3 Basis-Zertifizierung – Grundlagenwissen und Zertifizierungsvorbereitung für die ITIL Foundation-Prüfung; Auflage 2008; Verlag: Addison-Wesley Verlag, München.

Funke T., Noll R., Niessen S., Weikl B.: Qualitätsmanagement und Zertifizierung nach DIN EN ISO 9000. In: Softwareentwicklung in mittelständischen Unternehmen mit ISO 9000. 2000, Verlag: Xpert.press. Springer, Berlin, Heidelberg.

Hafner M., Schelp J., Winter R.: Berücksichtigung des Architekturmanagements in serviceorientierten IT-Managementkonzepten am Beispiel von ITIL. In: Schelp J., Winter R. (eds) Integrations-management. Business Engineering. 2006, Verlag: Springer, Berlin, Heidelberg

Köhler, Peter T.: ITIL – Das IT-Service-Management Framework; 2. Auflage 2007; Verlag: Springer-Verlag, Berlin Heidelberg.

Kowalczuk Z., Orłowski C.: Model of Information Technology Management - MITM. In: Advanced Modeling of Management Processes in Information Technology. Studies in Computational Intelligence, vol 518. 2014, Verlag: Springer, Berlin, Heidelberg

Office of Government Commerce: Service Strategy; 1. Auflage, Verlag: Printed in the United Kingdom for The Stationery Office, 2007.

Root, Pascal, Schmidtmann, Achim: IT-Service-Management in KMU - Studie mit Umfrage, Reifegradmessung und Leitfaden. Books on demand, Norderstedt, 2015.

Rohrer, Anselm, Söllner, Dierk: IT-Service-Management mit FitSM. Ein praxisorientiertes und leichtgewichtiges Framework für die IT; 2017, Verlag: dpunkt.verlag, Heidelberg.

Studie IT Service Management; COMPUTERWOCHE, CIO, TecChannel und ChannelPartner (Hrsg.); IDG Research Services, 2018.

Van Bon, Jan: Foundations of IT-Service-Management Basierend auf ITIL V3: Einführung; 3. Auflage 2008, Verlag: Van Haren Publishing, Zaltbommel.

ITSM Umfrage in OWL

Der Kick-Off des Projekts „ITSM Umfrage in OWL" fand im Oktober 2018 im Rahmen der ersten Veranstaltung des Masterkurses „IT-Service-Management" statt. Dabei wurden die Studierenden in fünf Teams und das Projekt in fünf Phasen bzw. Aufgabenbereiche aufgeteilt, sodass jedem Team eine Phase zugeordnet werden konnte.

Diese Struktur spiegelt sich im Aufbau dieses Buchabschnitts wieder, wobei darauf hingewiesen werden muss, dass die Abarbeitung der Phasen nicht vollständig sequentiell erfolgte, sondern es einige parallele Arbeiten gab, so dass es zwischen einigen Teams eine engere Zusammenarbeit während der Phase und nicht nur zu Beginn bei der Übernahme des Inputs von der Vorgängerphase oder zum Ende bei der Übergabe des Outputs an die Nachfolgerphase gab.

Weiterhin wurde im Rahmen des Kick-Offs das Ziel der Umfrage festgelegt. So sollte die Umfrage dazu dienen, einen aktuellen Stand des IT-Service-Managements in Unternehmen, Öffentlichen Betrieben und Verwaltungen in OWL zu ermitteln. Wie in den folgenden Abschnitten detaillierter ausgeführt wird, gab es mehrere Randbedingungen insbesondere die Beschränkung auf ca. 10 Minuten Umfragedauer, die dazu führten, dass die Befragung auf einige Kernthemen begrenzt wurde. Hierzu gehörten die allgemeinen Kenntnisse und Erfahrungen der Betriebe mit ITSM, der Plan- bzw. Umsetzungsstatus verschiedener Frameworks und Normen sowie der Status und Stellenwert von ITSM Prozessen. Weiterhin wurde entschieden, den generellen Einsatz und die Einsatzart von ITSM Werkzeugen abzufragen. Als letzter abzufragender Bereich wurde das Thema Digitalisierung ausgewählt, dabei ging es sowohl um die Einschätzung aktueller Trends im ITSM als auch die grundsätzliche Vorbereitung des Betriebs auf die Herausforderungen der Digitalisierung.

Umfrageinitiierung

Autoren: Theresa Lampe, Helge Schakau

Einer der ersten Schritte, die zur Durchführung einer Umfrage gehören, ist die Auswahl der Teilnehmer, bevor die Werbematerialien wie Werbetexte und ein Werbebanner erstellt werden können. Außerdem müssen Möglichkeiten ermittelt werden, wie und durch welche Werbematerialien man diese Teilnehmer erreicht. Somit soll sich dieser Abschnitt des Buches mit den folgenden Fragen beschäftigen:

1. Wer ist die Zielgruppe?

2. Wie kann diese Zielgruppe erreicht werden?

3. Wie können die Adressaten zur Teilnahme an der Umfrage motiviert werden?

Für die erste Frage ist zunächst zu untersuchen, welche Kenntnisse die Adressaten benötigen, um die Fragen der Studie beantworten zu können und für welche Adressatengruppe diese Studie interessant sein könnte. Da es sich hierbei um eine Umfrage zu dem aktuellen Stand des IT-Service-Managements in OWL handelt, sollte der Adressat zunächst in einem Unternehmen, welches IT-Service-Management einsetzt, angestellt sein.

Des Weiteren sind grundlegende Kenntnisse über die Thematik IT-Service-Management und über verschiedene Frameworks notwendig. Dabei kann es sich um Frameworks wie IT Infrastructure Library (ITIL), Microsoft Operations Framework (MOF), ISO/IEC 2000, Business Process Framework (eTOM), COBIT oder FitSM handeln. Außerdem sollten den Umfrageteilnehmern ITSM-Tools von HPE, BMC, SAP oder helpLine nicht fremd sein. Diese Standardsoftware versucht unter anderem die Steuerung der Prozessstrukturen in der IT-Organisation zu unterstützen.

Je größer ein Unternehmen ist, desto wahrscheinlicher ist es, dass es auf IT-Services zurückgreift.

Im nächsten Schritt gilt es zu überlegen, wie die Umfrage die Adressaten erreichen kann. Hierzu kann zunächst auf soziale Medien zurückgegriffen werden. Die Umfrage kann über verschiedene Plattformen wie Xing oder Facebook in regionalen und IT spezifischen Gruppen beworben werden. Grundlegend hilft hier in der Regel nur eine intensive Suche nach Stichwörtern wie *IT* oder *OWL* auf der entsprechenden Plattform, um passende Gruppen zum Bewerben der Umfrage zu finden.

Gleiches gilt für die Suche nach regional vertretenen Gruppen aus dem Bereich, die keine Präsenz über Facebook oder Xing besitzen. Hier ist eine einfache Google-Suche hilfreich. Zuletzt gilt es, über Brainstorming weitere Gruppen und Veranstaltungen zu finden und private Kontakte anzusprechen. Über den direkten Weg ist häufig eine höhere Motivation zur Teilnahme an der Studie zu beobachten, als es ohne einen Bezug zur Umfrage der Fall wäre. Die nachfolgende Tabelle 1 zeigt eine Übersicht über die ermittelten Gruppen und Plattformen, um die Umfrage in Umlauf zu bringen.

Emailverteiler		IHK E-Mail-Verteiler E-Mail-Verteiler mit Förderern des Studienfonds OWL
Plattformen	XING	"it's OWL" "IT-Consulting & Dienstleistungen Bielefeld / OWL" "IT-Dialog OWL" "OWL-Brunch - informieren, schlemmen, diskutieren über aktuelle IT-Themen" "IT Freelance Nordhessen / Südniedersachsen / OWL"

	Facebook	Startup Region OWL Startups Bielefeld Projekt Bielefeld
	Meetups	Java User Group Bielefeld
Gruppen		Softwerkskammer OWL / SoCraMOB Softwerkskammer Ruhrgebiet Cloud Lab Bielefeld Java User Group Bielefeld Connect at Digital Hub münsterLAND Wirtschaftsjunioren Nord Westfalen CashFlow Club Bielefeld 12min.me Bielefeld Online Stammtisch OWL – OSW Plattform OWL "owl-morgen.de" Handwerkskammer OWL Founders Foundation gGmbH Ressort Wissenschaftliche Weiterbildung

Tabelle 1: Gruppen, Verteiler und Plattformen für IT in OWL

In einem letzten Schritt, bevor die Werbetexte und -banner zur Umfrage erstellt und über die Gruppen und Kontakte verteilt werden können, soll eine Motivation zur Durchführung der Umfrage geschaffen werden. Da für die Umfrage als Studentenprojekt auf keine finanziellen Mittel zurückgegriffen werden konnte, gab es zur Motivation lediglich die Möglichkeit die Umfrageergebnisse und die Artikel zu den aktuellen Trends und Themen in ITSM als eBook anzupreisen.

Ebenfalls sah die erste Phase des Umfrageprojektes vor, Anschreiben in unterschiedlicher Länge, einen Flyer und Werbebanner für soziale Netzwerke zu entwerfen.

Es wurden drei Anschreiben erstellt, welche sich primär in ihrer jeweiligen Länge und daraus resultierend auch in ihren darin enthaltenen Informationen unterscheiden. Grund für die Verwendung unterschiedlich langer Texte sind die variierenden Einsatzgebiete.

Generelle Bestandteile der Texte und des Flyers sind die Informationen zu folgenden Themen:

- Verantwortliche Stelle für die Umfrage

- Zeitlicher Rahmen der Umfrage

- Bearbeitungsdauer

- Zielgruppe

- Thematik ITSM, und Themengebiete in diesem Bereich

- Motivation zur Durchführung der Umfrage

- Mehrwert der Umfrage für die Teilnehmer

Zum einen wurde ein Text erstellt, welcher primär für Posts in sozialen Netzwerken wie z.B. Xing verwendet wurde. Dieser weist eine Länge von zwei bis drei Sätzen bzw. drei bis vier Fragestellungen auf. Ziel ist es hiermit, die Nutzer in den Netzwerken auf die Umfrage aufmerksam zu machen und zur Teilnahme an dieser zu motivieren. Dieser Text ist in Abbildung 1 zu sehen.

Umfrage zum aktuellen Stand von IT-Service-Management in Unternehmen in OWL.
Der Masterstudiengang Wirtschaftsinformatik der FH Bielefeld führt eine Umfrage
zum aktuellen Stand von IT-Service-Management in Unternehmen in OWL durch.

Teilnehmer:	IT-Abteilungen
Frist:	08.01.2019
Link:	*https://ww3.unipark.de/uc/ITSM_OWL/*

Abbildung 1: Anschreiben für Posts in sozialen Netzwerken

Ein weiterer Text (vgl. Abbildung 2) hat eine Länge von ca. 100 Wör-
tern. Das anvisierte Verwendungsgebiet ist das Erwähnen der Umfrage
in Zeitungen oder auf Webseiten. Im Gegensatz zu dem kurzen Post-
Text erhält der Leser hier weitere Informationen über die Umfrage und
die Rahmenbedingungen.

Aktuellen Stand von IT-Service-Management in Unternehmen in OWL - Umfrage

Hallo zusammen!

Der Masterstudiengang Wirtschaftsinformatik der FH Bielefeld führt eine Umfrage
zum aktuellen Stand von IT-Service-Management in Unternehmen in OWL durch.
IT-Abteilungen können bis zum 08.01.2019 an der Umfrage teilnehmen, diese nimmt
15 Minuten ihrer Zeit in Anspruch.

Themenschwerpunkte der Umfrage:
Allgemeiner Status
Aktuelle Trends
Verwendete Tools

Sie als Teilnehmer erhalten dadurch Feedback zum aktuellen Stand des IT-Service-
Management in ihrer Firma.

Über Ihre Teilnahme würden wir uns sehr freuen!

Herzlichen Dank!

Link: *https://ww3.unipark.de/uc/ITSM_OWL/*

Abbildung 2: Anschreiben für die Verwendung in Zeitungen und im Web

Der längste Text enthält umfassende Informationen zur Umfrage und dient dem Informieren von Kontakten in einer direkt an sie gerichteten E-Mail. In diesem Text werden weitere Informationen vermittelt, die über die in den beiden vorherigen Texten hinausgehen. Dieser ist in Abbildung 3 dargestellt.

Betreff: Umfrage zum aktuellen Stand von IT-Service-Management in Unternehmen in OWL

Sehr geehrte Damen und Herren,

wir sind Masterstudenten der Wirtschaftsinformatik an der FH Bielefeld. Im Rahmen der Lehrveranstaltung IT-Service-Management führen wir eine Umfrage zum aktuellen Stand von IT-Servicemanagement (kurz: ITSM) in Unternehmen in OWL bis zum 08. Januar 2018 durch und laden Sie herzlich ein, daran teilzunehmen. Sie benötigen für die Bearbeitung der Umfrage etwa 15 Minuten. Ihre Antworten werden uns dabei helfen, den aktuellen Stand, die aktuellen Trends und die verwendeten Tools im ITSM zu ermitteln.

Als Dankeschön für die Teilnahme erhalten Sie die Ergebnisse in digitaler Form und dazu ein von uns eigens erstelltes E-Book mit weiteren Beiträgen zu aktuellen Themen aus dem ITSM. Mit den ersten Ergebnissen aus dieser Umfrage und dem E-Book ist Ende März zu rechnen.

Umfrage: Aktueller Stand von IT-Service-Management in Unternehmen in OWL

Herzlichen Dank für Ihre Unterstützung und beste Grüße aus Bielefeld

Studenten des Masterstudienganges der Wirtschaftsinformatik

Abbildung 3: Direktes Anschreiben in Form einer E-Mail

Ebenfalls wurde im Rahmen dieser Phase der auf Abbildung 4 dargestellte Flyer entworfen, welcher die Informationstexte noch um eine grafische Komponente erweitern soll, damit weitere Unternehmen bzw. Personen zur Teilnahme an der Umfrage motiviert werden.

Abbildung 4: Flyer zur ITSM-Umfrage

Umfrage (Fragebogen)

Autor: Stefan Bültel

Bei der Erstellung der Umfrage gab es zwei Kriterien, die zwingend beachtet werden mussten. Zum einen sollte die Umfrage nicht länger als zehn Minuten dauern, da viele Teilnehmer schnell das Interesse verlieren, je länger die Umfrage ist. Zum anderen sollten die Fragen so gestellt sein, dass diese von wirklich jedem (IT-)Mitarbeiter beantwortet werden können und nicht nur, wegen Informationsvorteil, von Mitarbeitern in Führungspositionen.

Das Resultat ist ein Fragebogen, der in fünf Teilbereiche eingeteilt wurde:

1. Demographie & Unternehmen

2. ITSM Allgemein

3. Prozessspezifische Fragen

4. Werkzeuge

5. Trends & Ausblick

Die Fragen im Teilbereich Demographie & Unternehmen haben das Ziel, allgemeine Rahmendaten der Teilnehmer und deren Unternehmen zu erfassen.

- Wie viele Beschäftigte sind in Ihrem Unternehmen tätig?
  - ○ 1 - 50 Beschäftigte
  - ○ 51 - 100 Beschäftigte
  - ○ 101 - 500 Beschäftigte
  - ○ 501 - 1000 Beschäftigte
  - ○ 1.001 - 5000 Beschäftige
  - ○ 5001 - 10000 Beschäftigte
  - ○ 10.001 Beschäftigte und mehr
  - ○ Keine Angabe

Abbildung 5: Frage nach der Anzahl der Beschäftigten im Unternehmen

Dazu gehören klassische Fragen wie etwa, in welcher Branche das Unternehmen tätig ist, ob sich der Hauptsitz im Bereich Ostwestfalen-Lippe befindet und wie viele Beschäftigte im Unternehmen tätig sind. In Abbildung 5 ist die Frage nach der Anzahl der Beschäftigten im Unternehmen dargestellt. Der Teilnehmer trifft hier eine Wahl aus vorgegebenen Antworten. Darauf aufbauend wird speziell nach der Anzahl der Mitarbeiter in der IT gefragt und ob der Teilnehmer selbst im IT Bereich arbeitet. Zum Schluss wird nach der Rolle im Unternehmen, also Operative Ebene, 1. Führungsebene, mittleres Management oder Top Level Management, gefragt.

Das Ziel der Fragen aus dem Teilbereich ITSM Allgemein ist es, den Status & Stellenwert von ITSM im Unternehmen zu ermitteln. Der Teilnehmer kann anhand einer Liste von Normen, Frameworks und Standards z. B.: ITIL, ISO 20000, FitSM etc., auswählen, welche im Unternehmen eingesetzt werden. Außerdem wird nach den größten Hürden für eine erfolgreiche Einführung und Nutzung von ITSM gefragt.

	Stimme zu	Stimme Nicht zu	Weiß Nicht
• Was sind aus Ihrer Sicht die größten Hürden für eine erfolgreiche Einführung und Nutzung von IT-Servicemanagement?			
Fachkräftemangel	☐	☐	☐
Zu geringe Budgets	☐	☐	☐
Business-IT-Alignment	☐	☐	☐
Komplexität der Werkzeuge	☐	☐	☐
Komplexität der Frameworks	☐	☐	☐
Reaktives Arbeiten statt proaktiv	☐	☐	☐
Arbeitsbelastung	☐	☐	☐
Andere Hürden – bitte nennen:	-... -... -...		

Abbildung 6: Teilnehmerfrage nach den größten Hürden für eine erfolgreiche Einführung von ITSM

Die in Abbildung 6 genannten Gründe dienen zur Orientierung, bei denen der Teilnehmer zu- oder nicht zustimmen kann. Sollte er andere Hürden nennen, so kann er diese unter dem Punkt „Andere Hürden – bitte nennen" eintragen.

Die prozessspezifischen Fragen verfolgen das Ziel den Status & Stellenwert von ITSM Prozessen im Unternehmen zu ermitteln. Dazu wird der Teilnehmer gefragt, wie er den Reifegrad dieser Prozesse im Unternehmen einschätzt, um mit den Herausforderungen der Digitalisierung umgehen zu können. Anschließend wird er nach einer Einschätzung mittels acht ITSM Prozessen, ausgewählt aus den FitSM Prozessen, gebeten, inwieweit diese im Unternehmen bereits umgesetzt sind oder deren Umsetzung geplant ist.

	BEREITS UMGESETZT	UMSETZUNG AKTUELL IM GANGE	UMSETZUNG GEPLANT	UMSETZUNG NICHT GEPLANT	WEIß NICHT

• Inwieweit sind die genannten ITSM Prozesse in Ihrem Unternehmen bereits umgesetzt oder ist deren Umsetzung geplant?

	BEREITS UMGESETZT	UMSETZUNG AKTUELL IM GANGE	UMSETZUNG GEPLANT	UMSETZUNG NICHT GEPLANT	WEIß NICHT
SERVICE PORTFOLIO MANAGEMENT (SPM)	☐	☐	☐	☐	☐
CAPACITY MANAGEMENT (CAPM)	☐	☐	☐	☐	☐
INCIDENT & SERVICE REQUEST MANAGEMENT (ISRM)	☐	☐	☐	☐	☐
PROBLEM MANAGEMENT (PM)	☐	☐	☐	☐	☐
CONFIGURATION MANAGEMENT (CONFM)	☐	☐	☐	☐	☐
CHANGE MANAGEMENT (CHM)	☐	☐	☐	☐	☐
RELEASE & DEPLOYMENT MANAGEMENT (RDM)	☐	☐	☐	☐	☐
CONTINUAEL SERVICE IMPROVEMENT MANAGEMENT (CSI)	☐	☐	☐	☐	☐

Abbildung 7: Frage nach der Umsetzung genannter ITSM Prozesse im Unternehmen

Die Bewertung der Prozesse erfolgt, wie in Abbildung 7 dargestellt, auf einer Skala von „bereits umgesetzt" bis „Umsetzung nicht geplant". Dabei fiel die Wahl der Prozesse sowohl auf sehr bekannte, wie Problem Management und Change Management, aber auch eher unbekannte Prozesse, die häufig nicht im Unternehmen eingesetzt werden[24], wie Configuration Management oder Continual Service Improvement Management. Sollte der Teilnehmer die Frage nicht beantworten können, steht die Antwortmöglichkeit „weiß nicht" zur Verfügung.

Im vorletzten Teilbereich Werkzeuge wird ermittelt, welche Art von ITSM-Werkzeugen eingesetzt werden und wie diese im Rahmen von ITSM genutzt werden können. Dazu muss der Teilnehmer zuerst ange-

---

[24] Vgl. Schwetz Consulting: Studie ITIL-Einsatz in deutschen Unternehmen

ben, ob es sich bei der eingesetzten Softwarelösung um Software-as-a-Service, On-Premise oder einer Hybrid Lösung handelt und anschlie-ßend auswählen, um welche ITSM Standardsoftware, wie z.B. HPE, SAP, ServiceNow, iET Solutions, TOPdesk, Microsoft und viele weite-re, es sich handelt. Sollte keine Standardsoftware verwendet werden, kann er die im Unternehmen verwendete Software unter „weitere" ein-tragen. Da es verschiedene Anforderungen an eine Software gibt, wird der Teilnehmer nach ausschlaggebenden Kriterien bei der Auswahl einer ITSM Software gefragt. Aus einer Liste von Kriterien, wie guter Support, Branchenkompetenz, flexibles Lizenzmodell als auch persön-licher Kontakt, fester Ansprechpartner und der Möglichkeit auf die weitere Entwicklung des Tools Einfluss zu nehmen, hat er die Chance, eine Auswahl nach Relevant zu treffen.

Der letzte Teilbereich Trends & Ausblick verfolgt das Ziel herauszu-finden, welche ITSM Trends in OWL als relevant angesehen werden. Zu den Trends der nächsten Jahre gehören z.B. ITIL v4, DevOps und Cloud Computing. Eine weitere Frage in diesem Teilbereich ist die Einschätzung des Teilnehmers, ob sein Unternehmen für die Heraus-forderungen der Digitalisierung vorbereitet ist. Zum Abschluss kann der Teilnehmer Feedback und Anmerkungen zum Fragebogen abgeben. Außerdem hat er die Möglichkeit über die Ergebnisse der Studie per E-Mail informiert zu werden.

Der vollständige Fragebogen befindet sich im Anhang ab Seite 183.

Umfragetechnik/-methode

Autor: Pascal Wirths

Auswahl eines Umfragetools

Die Aufgabe für diese Phase war es, die Umfragetechnik bzw. das Umfragetool für die Durchführung der Umfrage auszuwählen. Nachdem die Fragen durch das Fragebogen-Team erarbeitet wurden, mussten diese zusätzlich noch in das Tool in passender Form eingetragen werden.

Die Hauptanforderung an das Tool war es, dass es die Erstellung, Durchführung und Auswertung der Umfrage bestmöglich unterstützt. Außerdem müssen die Daten der Teilnehmerinnen und Teilnehmer entsprechend den gesetzlichen Vorgaben geschützt sein.

Auswahlkriterien

Für die Auswahl des Umfragetools wurde zunächst ein Anforderungskatalog mit Excel erstellt. Dieser unterteilt sich in 4 Hauptkategorien: den Frageoptionen, zusätzlichen Elementen im Fragebogen, der Verhinderung von Mehrfachteilnahmen und Sonstiges. Zusätzlich wurden der Link zu dem Tool sowie dessen Kosten notiert.

Die Frageoptionen beinhalten verschiedene Fragetypen, die mindestens durch das Umfragetool unterstützt werden müssen. Während der initialen Erstellung der Fragen wurden die Fragetypen in Abbildung 8 verwendet. Dementsprechend wurden diese als Mindestanforderung für die Auswahl eines Umfragetools verwendet.

Abbildung 8: Frageoptionen

Die zweite Kategorie „zusätzliche Elemente im Fragebogen" beschreibt die Möglichkeiten, Texte, Bilder und Dateien zwischen die Fragen einzubauen. Zusätzlich ist hier die Verwendung von Verzweigungslogik basierend auf den Antworten der Befragten enthalten.

Abbildung 9: Zusätzliche Elemente

Die Verhinderung von Mehrfachteilnahmen wurde innerhalb der Vorlesung als wichtiges Kriterium für das Umfragetool genannt. Innerhalb erster Diskussionen wurden die drei Optionen, Cookies, IP und Individueller Link/Tan benannt. Deshalb wurden diese in den Auswertungsbogen mit aufgenommen. Die Option „Individueller Link/Tan" wurde später jedoch verworfen, da hierdurch keine Anonymität der Befragten sichergestellt werden konnte. Zusätzlich erschwert diese Option das Versenden der Umfrage an alle Teilnehmer, da für jeden ein spezieller Link erstellt werden müsste.

Abbildung 10: Verhinderung Mehrfachteilnahmen

Auswahl des Umfragetools

Für die Auswahl der Umfragetools wurden insgesamt sechs Umfragetools basierend auf der Excel Tabelle bewertet und die Ergebnisse entsprechend eingetragen. Es hat sich bereits in der ersten Auswertung gezeigt, dass das Unipark Tool alle benötigten Anforderungen bietet.

Zusätzlich ist die Unipark Software bereits für den Fachbereich lizensiert und muss deshalb nicht neu angeschafft werden. Auch bietet sie im Gegensatz zu anderen, kostenlosen Tools, mehr Features. Ein weiterer Vorteil von ihr ist, dass es bereits erste Erfahrungen mit dem Tool aus dem Studententeam gab, wodurch eine umfangreiche Einarbeitung entfiel

Erstellung Fragebogen

Nachdem die Entscheidung für das Unipark Tool gefällt wurde, wird in diesem Kapitel die Erstellung der Umfrage erläutert.

Fragebogen-Editor

Nach der Erstellung eines Projekts über das Umfragetool Unipark wird mit einem Fragenbogen-Editor die Umfrage mit Inhalt gefüllt. Dieser Editor ist aufgeteilt in Einstellungen für die DSGVO (inkl. einer Willkommensseite), den Seiten der Umfrage und als unterste Ebene die einzelnen Fragen.

Innerhalb der Einstellungsmöglichkeiten für die DSGVO müssen alle Fragen markiert werden, welche ein personenbezogenes Datum enthalten. Diese sind in unserem Fall das Unternehmen, in welchem der Befragte tätig ist, sowie die optionale Angabe einer E-Mail-Adresse für das Zusenden des E-Books. Die Dauer der Aufbewahrung der personenbezogenen Daten wurde auf drei Monate beschränkt, hiernach werden diese Daten automatisch gelöscht. Dieser Zeitraum wurde so gewählt, da die Daten nicht länger als für diesen Zeitraum benötigt werden.

Das Einwilligungsformular der Umfrage beinhaltet einen Bereich für eine Willkommensnachricht. Zusätzlich wurde eine Zustimmungserklärung durch Prof. Schmidtmann erstellt, in welcher die Befragten über die Speicherung und Löschung der Personenbezogenen Daten sowie ihre Rechte unterrichtet werden. Auch sind hier die Kontaktdaten von Prof. Schmidtmann hinterlegt, da er der betreuende Professor für diese Umfrage war.

Die Aufteilung in Seiten basiert einerseits auf den Kategorien der Fragen und dient andererseits dazu, dass Befragte bessere Rückmeldungen über ihren Fortschritt der Befragung bekommen. Nach dem Absenden einer Seite wird die Fortschrittsleiste entsprechend aktualisiert. Je mehr Seiten vorhanden sind, desto feiner wird diese aktualisiert, um einen genauen Fortschritt anzuzeigen. Es wurden fünf verschiedene Fragetypen verwendet (siehe Tabelle 2: Genutzte Fragetypen). Innerhalb von Unipark besitzen die verschiedenen Fragetypen zusätzlich zu ihrer Bezeichnung auch eine ID, welche die Fragen kategorisiert.

ID - Bezeichnung	Beschreibung
111 – Einfachauswahl	Auswahl einer einzelnen Antwort von mehreren Möglichkeiten
121 – Mehrfachauswahl	Auswahl von einer oder mehreren Antwortmöglichkeiten
141 – Textfeld Einzeilig	Eingabe von Freitext innerhalb einzelner Zeile
142 – Textbereich	Eingabe von Freitext innerhalb eines Textbereiches
311 – Standard-Matrix 1	Auswahl von einer einzelnen Antwortmöglichkeit pro Zeile

Tabelle 2: Genutzte Fragetypen

Bei der Erstellung einer Frage wird zunächst der Fragetext und optional eine Ausfüllanweisung, welche in kleinerer Schrift unterhalb der Frage angezeigt wird, angegeben. Es ist möglich für jede Frage anzugeben, ob es sich bei dieser um eine Pflichtfrage handelt. Neben den offensichtlichen Angaben von „Nein" und „Ja" kann zusätzlich „Ja (ignorierbar)" angegeben werden. Dies sorgt dafür, dass falls eine Frage nicht ausgefüllt wird, der Befragte beim Versuch auf die nächste Seite zu gehen, eine Warnung bekommt. Diese zeigt die Wichtigkeit der Frage an. Jedoch kann diese trotzdem durch die Auswahl einer Checkbox übersprungen werden.

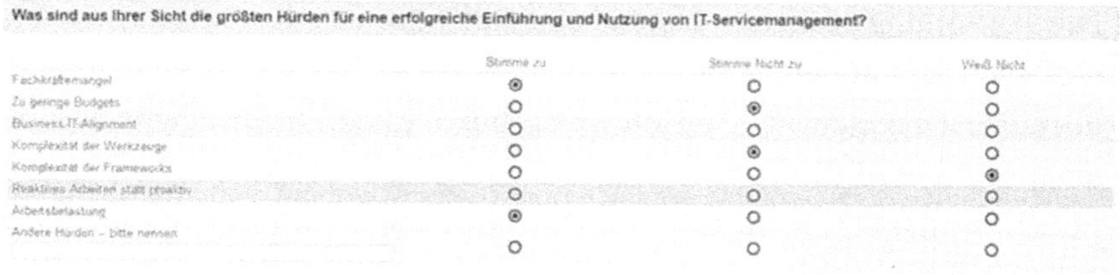

Abbildung 11: Beispiel Standard-Matrix

Für die Antwortmöglichkeiten der Standard-Matrix ist es möglich, jede einzelne Antwort als Pflichtantwort zu deklarieren. Dies ist wichtig, um sicherzustellen, dass jede Zeile der Matrix beantwortet werden muss. Wird nur die Matrix selbst als Pflichtantwort deklariert, so muss ein Befragter nur eine einzelne Zeile beantworten. Abbildung 11 zeigt eine Standard-Matrix, in welcher nicht alle Zeilen ausgewählt wurden. Die nicht ausgewählten Zeilen, welche als Pflichtzeilen markiert wurden, sind rot markiert.

Projekteigenschaften

Innerhalb der Projekteigenschaften können weitere Optionen für die gesamte Umfrage festgelegt werden. Die erste Einstellung hier ist das Anzeigen und Verhalten eines Zurück-Buttons. Dieser ermöglicht Befragten, während der Bearbeitung einer Seite auf die vorherige zurückzuspringen, ohne dabei auf Fehler in der Umfrage zu stoßen. Wenn diese Option nicht genutzt wird und ein Befragter manuell eine Seite zurückgeht, werden die vorher eingegebenen Daten nicht gespeichert.

Eine weitere wichtige Option stellt die Möglichkeit dar, zusätzlich zu der Antwortoption einen Text innerhalb einer Matrix als Pflichtfeld zu deklarieren. Dies ist wichtig für die letzte Antwortmöglichkeit bei Fragen, wie in der Matrix in Abbildung 11 gezeigt, damit das Textfeld auf Eingaben überprüft wird, sollte der Befragte einen Haken in der letzten Zeile der Matrix setzten.

Die letzte Einstellung regelt das Verhalten des Tools bei einer Wiederaufnahme über einen bereits verwendeten Link. In einem solchen Fall soll die zuletzt durch den Befragten abgesendete Seite erneut angezeigt werden. Als Optionen hätten die erste oder die zuletzt gesehene (aber nicht abgesendete) Seite erneut aufgerufen werden können.

Zur Personalisierung der gesamten Umfrageseite wurde das Umfragebanner (abgebildet und beschrieben in Umfrageinitiierung Seite 28) als Kopf eingebunden.

Testphase + Live-Stellung

Bis zum 29.11.2018 befand sich die Umfrage innerhalb einer Testphase. Während dieser Zeit wurde die Umfrage durch alle Teammitglieder kritisch durchlaufen, um alle Fehler zu entdecken und mögliche Verbesserungen zu notieren. Während der Veranstaltungen wurde ein Großteil des Feedbacks gesammelt und direkt umgesetzt.

Vor der Liveschaltung konnte die getestete Umfrage wieder zurückgesetzt werden, um sicherzustellen, dass keine Testantworten mehr vorhanden waren. Anschließend galt es, die Umfrage über die in der Umfrageinitiierung gesammelten Kanäle und persönlichen Kontakte, an die Adressaten zu verteilen. Zuletzt wurde eine Meldung an alle Teammitglieder verschickt, dass die Umfrage nun an die gewünschte Zielgruppe verschickt werden kann.

Durchführung der Umfrage/Studie

Autor: Jannis Lindrath

Während der Fragebogen final erstellt und online in das ausgewählte Umfragetool „Unipark" gepflegt wurde, lief die Vorbereitung zur Durchführung der Umfrage. Hierfür wurden die Anschreiben und die Adressatenlisten noch einmal überprüft und kleine Änderungen vorgenommen, bevor die Einladungen zur Teilnahme an der Umfrage versendet wurden. Im Anschluss wurde der Start- und End-Termin für die Befragung durch die gesamte Projektgruppe definiert. Die Umfrage wurde vom 29.11.2018 bis zum 09.01.2019 geöffnet und ermöglichte somit die Teilnahme an 41 Tagen.

Während der Phase der Durchführung, hatte das Projektteam die Aufgabe, die Umfrage bestmöglich zu verbreiten, die Teilnehmeranzahl zu überwachen und gegebenenfalls Feedback von Teilnehmern in die Umfrage einzuarbeiten. Bei zu wenigen Teilnehmern sollten neue Adressaten gesucht und an die bekannten Adressaten eine Erinnerung zur Teilnahme an der Umfrage versendet werden.

Die Verbreitung der Umfrage wurde über diverse Kommunikationskanäle gestaltet. Dazu gehörte das Teilen über soziale Plattformen und das persönliche Anschreiben per Mail.

Für die persönlichen Anschreiben wurde eine Liste mit potenziellen Teilnehmern gepflegt und ein dedizierter Ansprechpartner pro Kontakt definiert. Dieser hatte die Aufgabe das Anschreiben an den jeweiligen Kontakt anzupassen und zu überwachen, ob dieser an der Umfrage teilgenommen hat. Die Liste mit den Kontakten wurde während der Durchführungsphase stetig erweitert, so dass die Umfrage bestmöglich verbreitet werden konnte.

Darüber hinaus wurden verschiedene Unternehmen aus der Region Ostwestfalen-Lippe angeschrieben mit der Bitte die Umfrage innerhalb der Organisation zu teilen. Hierfür wurden bekannte Kontakte der Projektgruppe in den jeweiligen Unternehmen genutzt. Ziel dieser Maßnahme war es, die großen Unternehmen der Region in die Umfrageergebnisse mit einfließen zu lassen und die Reichweite zu erhöhen.

Über soziale Plattformen wie Xing oder LinkedIn wurde die Umfrage durch das Projektteam ebenfalls geteilt. Zugleich wurden ausgewählte Facebook-Gruppen, Meetup-Gruppen und Xing-Communities angefragt, ob die Umfrage dort ebenfalls publik gemacht werden könne, dies führte zu einer höheren Teilnehmerzahl, da dort eine hohe Reichweite erreicht werden konnte.

Nachdem alle Adressaten über die Umfrage informiert wurden, wurde die Teilnehmerzahl kontinuierlich durch das Projektteam überwacht. Die Teilnehmerzahl ist über den gesamten Zeitraum kontinuierlich gestiegen und spiegelte das Teilen über die verschiedenen Kommunikationswege wieder. Lediglich über die Tage zwischen Weihnachten und Neujahr stagnierte die Teilnehmerzahl, dies ist auf die Urlaubszeit für Arbeitnehmer zurückzuführen.

Aufbereitung und Auswertung der Ergebnisse

Autoren: Marvin Lückenotto, Joyce Windus

Demographie und Unternehmen

Die vorliegende Umfrage „Aktueller Stand von IT-Service-Management in Unternehmen in OWL" wurde im Zeitraum 27.11.2018 bis 09.01.2019 durchgeführt und basiert auf den Antworten von insgesamt 85 Teilnehmern. Von diesen Teilnehmern ist etwa die Hälfte in Unternehmen tätig, die Dienstleistungen für andere Unternehmen anbieten. Die restlichen Teilnehmer sind hauptsächlich in Unternehmen aus den Branchen „Konsumgüter-, Nahrungs- und Genussmittelindustrie", „Öffentliche Verwaltung", „Gebietskörperschaften", „Sozialversicherung" und „Maschinen- und Anlagenbau" tätig.

Von allen teilnehmenden Unternehmen haben 80% ihren Hauptsitz in Ostwestfalen-Lippe. Dazu gehören einige große und wichtige Wirtschaftsgrößen aus der Region OWL, die aus datenschutzrechtlichen Gründen nicht namentlich genannt werden können. Jedoch wird auch durch die Anzahl der Beschäftigten dieser Unternehmen ihre Bedeutung deutlich (siehe Abbildung 12). Denn 26% der Befragten arbeiten in einem Unternehmen mit 1001 bis 5000 Beschäftigen. Weitere 25% sind in Unternehmen beschäftigt, die 101 bis zu 500 Beschäftigte haben. Die Unternehmen von 11% der Teilnehmer haben zwischen 5001 und 10000 Beschäftigte. Insgesamt 11 Teilnehmer sind in sehr großen Unternehmen tätig, die 10001 oder mehr Beschäftigte haben. Die gleiche Anzahl von Teilnehmer arbeitet in sehr kleinen Firmen mit bis zu 50 Mitarbeitern. Die letzten 13% teilen sich gleichermaßen auf Unternehmen mit 51 bis 100 Beschäftigte und Unternehmen mit 5001 bis zu 10000 Beschäftigte auf.

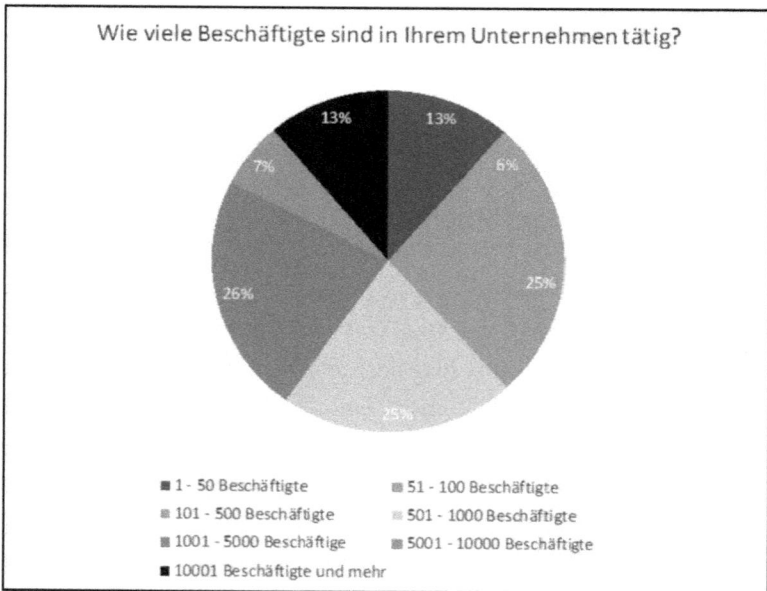

Abbildung 12: Wie viele Beschäftigte sind in Ihrem Unternehmen tätig?

Darüber hinaus wird deutlich, dass vorwiegend Unternehmen mit kleineren IT-Abteilungen an dieser Umfrage teilgenommen haben. Der Anteil von Unternehmen, die 1-10 IT-Mitarbeiter haben, liegt bei 35%. Weitere 31% der Teilnehmer haben 11-50 IT-Mitarbeiter beschäftigt.

Die übrigen Teilnehmer der Umfrage arbeiten in Unternehmen mit 51 oder mehr IT-Mitarbeitern. Daraus ergibt sich, dass die Unternehmensgröße eine ca. 40%ige Varianz in der Anzahl der Mitarbeiter in der IT beschreibt. Darüber hinaus arbeiten ca. 65% der Teilnehmer selber in der IT. Jeweils 30% sind in der operativen Ebene bzw. im mittleren Management tätig. Die restlichen 40% der Teilnehmer teilen sich in gleichen Teilen auf die Führungsebene und das Top Level Management auf.

ITSM Allgemein

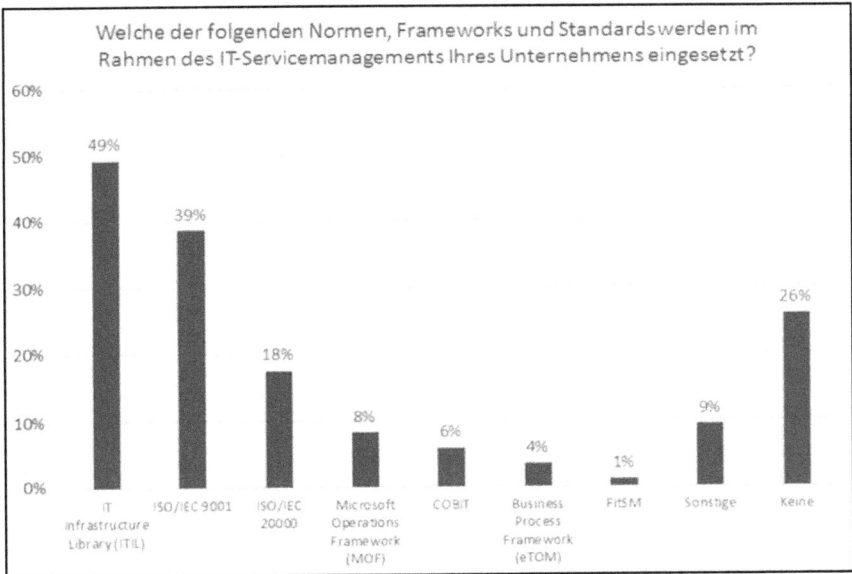

Abbildung 13: Welche der folgenden Normen, Frameworks und Standards werden im Rahmen des IT-Service-Managements Ihres Unternehmens eingesetzt?

Diese Frage (siehe Abbildung 13) zeigt bereits, dass die Unternehmen im Thema IT-Service-Managements aktuell relativ gut aufgestellt sind. Nur 26% haben angegeben, dass zurzeit keine Normen, Frameworks oder Standards im Unternehmen eingesetzt werden. Darüber hinaus lässt sich erkennen, dass die IT Infrastructure Library (ITIL) und die Norm ISO/IEC 9001 für das Qualitätsmanagement jeweils eine große Rolle in den Unternehmen spielen. Dies zeigt sich vor allem, wenn man zur Betrachtung die Unternehmensgröße mit hinzuzieht. In den Unternehmen mit 1001 bis 10001 und mehr Beschäftigten gibt die klare Mehrheit eine Anwendung von ITIL an. Das gleiche gilt für Unternehmen mit der Mitarbeiteranzahl zwischen 51 und 500. In Unternehmen von 500 bis zu 1001 Beschäftigten geben 56% der Teilnehmer an, keine Normen, Frameworks oder Standards einzusetzen. Die ISO/IEC Norm 20000 ist hingegen mit 18% nicht sehr verbreitet. Darüber hinaus ist nicht sehr erstaunlich, dass in Unternehmen mit bis zu 50 Beschäftigten 50% keine Normen, Frameworks oder Standards einsetzten. Dies liegt höchstwahrscheinlich daran, dass die Einführung dieser oftmals mit hohen Kosten verbunden ist, die sich in kleinen Unternehmen nicht rechnen.

Aus Abbildung 14 ist klar zu erkennen, dass die Teilnehmer der Umfrage mit dem IT-Service-Management ihres Unternehmens überwiegend zufrieden sind. Auf der anderen Seite gibt es 17% der Teilnehmer, die angeben, eher nicht, nicht und gar nicht zufrieden zu sein. Aus den Kommentaren, die 14% der Teilnehmer zu dieser Frage geschrieben haben, zeigt sich, dass manche der Unternehmen noch kein vollständig konsistentes IT-Service-Management haben bzw. teilweise sich noch in der Einführungsphase befinden. Das erklärt sehr wahrscheinlich, warum insgesamt nur 11% der Teilnehmer sehr zufrieden mit dem IT-Service-Management in ihrem Unternehmen sind. Interessanterweise sind die Teilnehmer in den Unternehmen mit bis zu 50 Beschäftigten zu 55% zufrieden. Die Befragten in Unternehmen mit Mitarbeitern zwischen 101 und 500 sogar zu 67%. Dahin gegen sind die Teilnehmer, die in einem Unternehmen mit 1.001 bis zu 5000 Beschäftigen arbeiten, mit 32% eher nicht zufrieden.

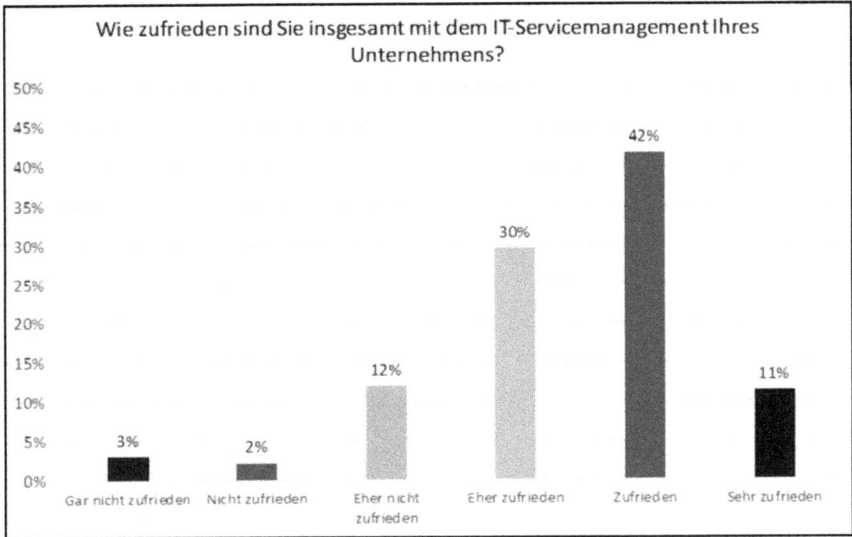

Abbildung 14: Wie zufrieden sind Sie insgesamt mit dem IT-Service-Management Ihres Unternehmens?

Die Abbildung 15 zeigt die Einschätzung der Umfrageteilnehmer bezüglich der verschiedenen Aussagen über das IT-Service-Management in ihrem Unternehmen. Der Grad der Zustimmung konnte dabei in mehreren Abstufungen von „Stimme voll zu" bis „Stimme nicht zu" angegeben werden. Insgesamt ist der Grad der Zustimmung bezüglich der vorliegenden Aussagen hoch.

Eine sehr große Zustimmung ergibt sich bei der Aussage, dass die Steuerung der IT-Organisation ohne ITSM nicht denkbar wäre. Insgesamt erkennen dementsprechend 84% der Teilnehmer einen großen Mehrwert in dem Thema IT-Service-Management für das Unternehmen. Mit einem Zustimmungswert von 85% sind sich die Teilnehmer außerdem darüber einig, dass die im Rahmen des IT-Service-

51

Management definierten, standardisierten Prozesse die Anwenderzufriedenheit steigern. Dieser Aussage stimmen lediglich 4% nicht zu. Weitere 12% machten keine Angabe.

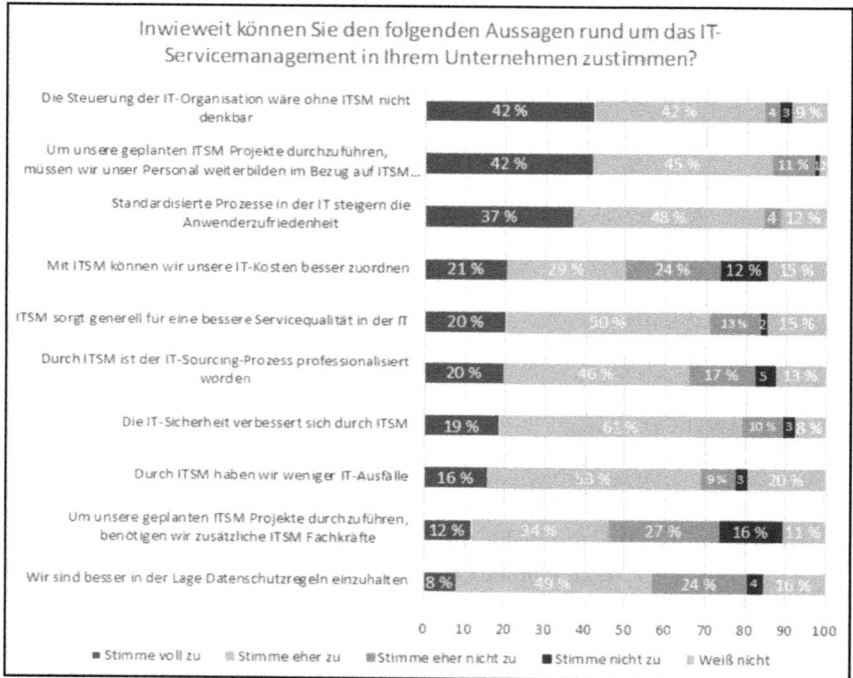

Inwieweit können Sie den folgenden Aussagen rund um das IT-Servicemanagement in Ihrem Unternehmen zustimmen?

Die Steuerung der IT-Organisation wäre ohne ITSM nicht denkbar — 42 % | 42 % | 4 | 3 | 9 %

Um unsere geplanten ITSM Projekte durchzuführen, müssen wir unser Personal weiterbilden im Bezug auf ITSM... — 42 % | 45 % | 11 %

Standardisierte Prozesse in der IT steigern die Anwenderzufriedenheit — 37 % | 48 % | 4 | 12 %

Mit ITSM können wir unsere IT-Kosten besser zuordnen — 21 % | 29 % | 24 % | 12 % | 15 %

ITSM sorgt generell für eine bessere Servicequalität in der IT — 20 % | 50 % | 13 % | 2 | 15 %

Durch ITSM ist der IT-Sourcing-Prozess professionalisiert worden — 20 % | 46 % | 17 % | 5 | 13 %

Die IT-Sicherheit verbessert sich durch ITSM — 19 % | 65 % | 10 % | 3 | 3 %

Durch ITSM haben wir weniger IT-Ausfälle — 16 % | 53 % | 9 % | 3 | 20 %

Um unsere geplanten ITSM Projekte durchzuführen, benötigen wir zusätzliche ITSM Fachkräfte — 12 % | 34 % | 27 % | 16 % | 11 %

Wir sind besser in der Lage Datenschutzregeln einzuhalten — 8 % | 49 % | 24 % | 4 | 16 %

0 10 20 30 40 50 60 70 80 90 100

■ Stimme voll zu   ▦ Stimme eher zu   ▣ Stimme eher nicht zu   ■ Stimme nicht zu   ▥ Weiß nicht

Abbildung 15: Inwieweit können Sie den folgenden Aussagen rund um das IT-Service-Management in Ihrem Unternehmen zustimmen?

Uneinigkeit gibt es bei der Aussage, dass mit Hilfe von ITSM die IT-Kosten besser zugeordnet werden können. Dieser Aussage stimmen zwar 50% der Teilnehmer zu, 36% sehen dies jedoch nicht so. Eines der Ziele des ITSM ist es, die Anzahl und Dauer von Ausfällen gering zu halten. Insgesamt 69% stimmen der Aussage zu, dass die Anzahl der IT-Ausfälle durch den Einsatz von ITSM verringert wurde. Lediglich 12% stimmen dem nicht bzw. eher nicht zu. 20% können oder wollen keine Aussage darüber treffen. Die Aussage „Wir sind besser in der Lage Datenschutzregeln einzuhalten" hat insgesamt einen Zustimmungsgrad von 57%. Interessant ist dabei jedoch, dass sich dieser Wert aufteilt in 8% die mit „Stimme voll zu" geantwortet haben sowie 49% die „Stimme eher zu" antworteten. Dies lässt vermuten, dass gewisse Restunsicherheiten oder Zweifel daran bestehen, dass ITSM die Einhaltung von Datenschutzregeln unterstützt.

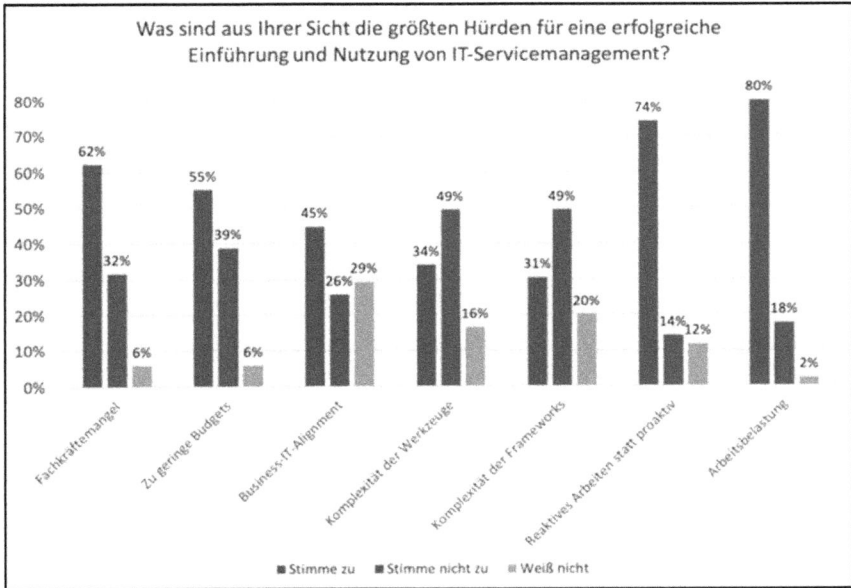

Abbildung 16: Was sind aus Ihrer Sicht die größten Hürden für eine erfolgreiche Einführung und Nutzung von IT-Service-Management?

Die nächste Frage bezieht sich auf die größten Hürden für eine erfolgreiche Einführung und Nutzung von IT-Service-Management. Ein großes Hindernis sehen die Teilnehmer in der hohen Arbeitsbelastung der Mitarbeiter. Das reaktive Arbeiten, um auf Ausfälle bzw. Störungen zu reagieren im Gegensatz zur proaktiven Vermeidung von zukünftigen Störungen ist eine weitere große Hürde. Darüber hinaus werden der

Fachkräftemangel und oftmals ein zu geringes Budget als Hindernis gesehen. Die Abstimmung der Anforderungen und Erwartungen von Business und IT wird ebenfalls als große Herausforderung benannt. Überraschend war hierbei, dass die Komplexität der Werkzeuge und Frameworks als nicht so große Hürden angesehen werden, obwohl dies in der Vergangenheit häufig benannt wurde.[25] Als weitere Hindernisse wurden außerdem die Motivation genannt aber auch der Mangel an Verständnis für ITSM sowie genereller Zeitmangel. Wenn man nun zusätzlich die Unternehmensgröße in die Betrachtung mit einfließen lässt, dann zeigt sich folgendes Bild. In Unternehmen mit bis zu 50 Mitarbeitern wird die Arbeitsbelastung als die größte Hürde angegeben. In der nächsten Kategorie (51 - 100 Beschäftigte) ist die größte Hürde das reaktive Arbeiten anstelle einer proaktiven Tätigkeit. Die gleiche Aussage wurde von den Teilnehmern getroffen, die in Unternehmen mit 1001 bis 5000 Mitarbeitern beschäftigt sind. In den nachfolgenden Kategorien lassen sich weitere Ähnlichkeiten erkennen. In den Unternehmen mit 101 bis 500, genau wie mit 501 bis 1000 und 5001 bis zu 10000 Beschäftigten verhindert bzw. behindert ein reaktives Arbeiten die erfolgreiche Einführung und Nutzung eines IT-Service-Managements. In der Gruppe mit der höchsten Mitarbeiteranzahl (10001 und mehr) ist das größte Hindernis das Fehlen des Business-IT-Alignment. Denkbar ist, dass in sehr schnell wachsenden Unternehmen die internen Dienstleister, wie die IT-Abteilung, nicht gleichermaßen vergrößert werden und diese somit keine ausreichenden Kapazitäten bereitgestellt bekommen, um IT-Service-Management einzuführen. In etablierten Großkonzernen hingegen finden Neuerungen aus der IT ggf. zu wenig Beachtung, da über Jahrzehnte entwickelte Prozesse als unveränderlich erscheinen.

---

[25] Vgl. Computerwoche, Wo ITIL zu komplex ist, Abgerufen am 12.02.2019 unter http://www.cowo.de/a/1235865

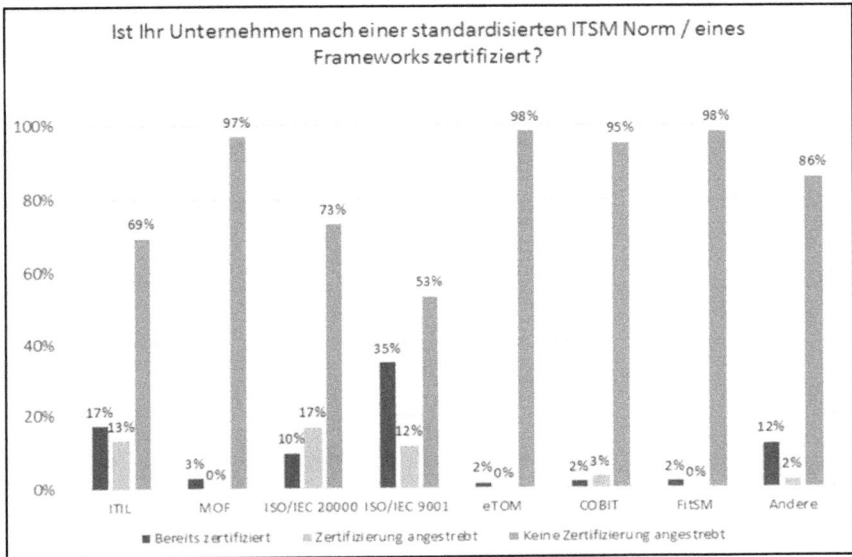

Abbildung 17: Ist Ihr Unternehmen nach einer standardisierten ITSM Norm / eines Frameworks zertifiziert?

Aus dieser Frage ist ersichtlich, dass 35% der Teilnehmer in Unternehmen arbeiten, deren Qualitätsmanagement nach ISO/IEC 9001 zertifiziert ist. Weitere 13 Teilnehmer gaben an, dass in ihrem Unternehmen Personen nach ITIL zertifiziert sind. Sowohl die Zertifizierung nach FitSM als auch die Verwendung der Frameworks MOF, eTOM und COBIT ist sehr gering. 30% bzw. 10% der Teilnehmer, die sehr zufrieden mit dem IT Service Management in ihrem Unternehmen sind, arbeiten in Unternehmen, die nach ISO/IEC 9001 zertifiziert sind bzw. Personen beschäftigen, die nach ITIL zertifiziert sind. Insgesamt arbeiten 75% der Teilnehmer in Unternehmen, die bereits eine Zertifizierung umgesetzt haben bzw. ein Framework einsetzen oder dies aktuell anstreben. Mögliche Gründe können einerseits Anforderungen von Wirtschaftsprüfern oder Kunden sein andererseits aber auch die Verbesserung der Kundenzufriedenheit und Transparenz. Die übrigen 25% stre-

ben keine Zertifizierung bzw. keinen Einsatz von Frameworks an. Dies
könnte an mangelnden Kapazitäten oder fehlendem Budget liegen.

Wie schätzen Sie den Reifegrad des IT-Servicemanagements in Ihrem
Unternehmen ein, um mit den Herausforderungen der Digitalisierung
umzugehen?

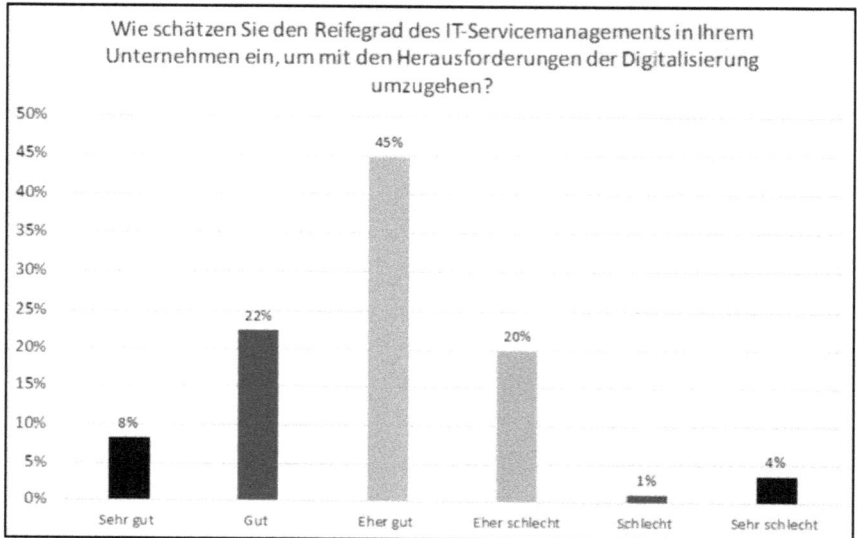

**Abbildung 18: Wie schätzen Sie den Reifegrad des IT-Service-
Managements in Ihrem Unternehmen ein, um mit den Herausforderungen
der Digitalisierung umzugehen?**

Die Digitalisierung wird für Unternehmen in der heutigen Zeit immer
wichtiger. Ein großer Teil der Teilnehmer schätzt den Reifegrad des IT-
Service-Managements in ihrem Unternehmen als gut oder sogar sehr
gut ein, um den Herausforderungen der Digitalisierung gerecht werden
zu können. Diesbezüglich gaben 45% an, dass sie den Reifegrad als
eher gut einschätzen. 8% der Teilnehmer würden den Reifegrad sogar
als sehr gut bezeichnen. Auf der anderen Seite schätzen insgesamt 25%
der Teilnehmer den Reifegrad als eher schlecht, schlecht bzw. sehr
schlecht ein. Darunter sind jedoch nur 4 Teilnehmer, die den Reifegrad
ihres Unternehmens als schlecht bzw. sehr schlecht einschätzen. Insgesamt lassen diese Resultate darauf schließen, dass aktuell in vielen Un-

ternehmen noch Handlungsbedarf besteht, um das IT-Service-Management entsprechend der Herausforderungen der Digitalisierung auszurichten und zu optimieren. Anderseits zeigt die hohe Zahl an Unternehmen, deren Reifegrad als positiv eingeschätzt wird, dass sich viele Unternehmen bereits mit den Auswirkungen der Digitalisierung beschäftigen und ihr IT-Service-Management bereits darauf ausgerichtet haben.

Prozessspezifische Fragen

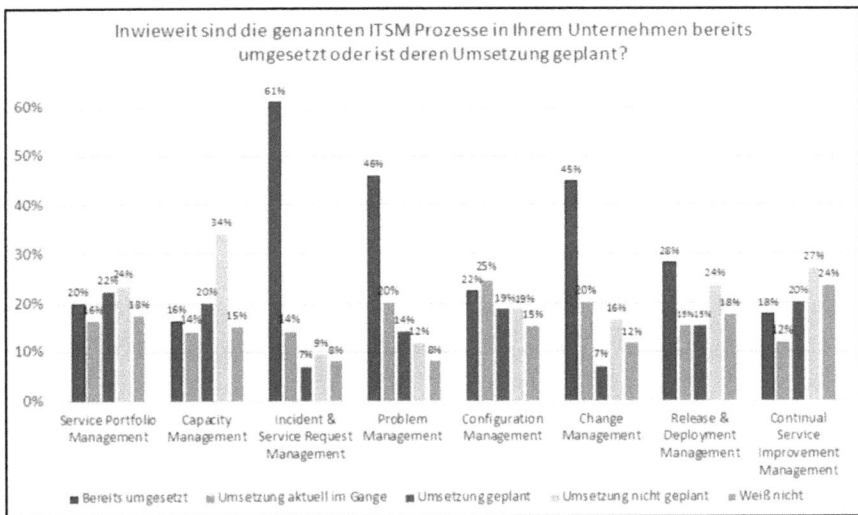

Abbildung 19: Inwieweit sind die genannten ITSM Prozesse in Ihrem Unternehmen bereits umgesetzt oder ist deren Umsetzung geplant?

Die nächste Frage bezieht sich auf die Umsetzung einiger ITSM Prozesse, hauptsächlich auf die FitSM-Prozesse. Weiterführende Informationen zu den einzelnen Prozessen können z.B. in der angegebenen

Quelle nachgelesen werden.[26] Die Antworten zu den einzelnen Prozessen können sein: „Bereits umgesetzt", „Umsetzung aktuell im Gange", „Umsetzung geplant", „Umsetzung nicht geplant" und „ Weiß nicht".

Beim Service Portfolio Management sind die Angaben der Teilnehmer auf die möglichen Antworten relativ ausgeglichen. In Bezug auf das Capacity Management sticht die nicht geplante Umsetzung mit insgesamt 34% heraus. Das Management für Incidents und Service Request wird bereits mit 61% von den meisten Unternehmen eingesetzt. Dies könnte daran liegen, dass es ein wichtiger Kernprozess ist, der bei einem reibungslosen Prozessablauf unterstützt, mit dem Ziel zufriedeneren Benutzern und geringen Ausfallzeiten zu erreichen. Ebenso finden das Problem Management und das Change Management mit jeweils 46% und 45% Einsatz in vielen Unternehmen. Diese drei hohen Prozentsätze zeigen, dass sich viele der Unternehmen bereits mit ITSM Prozessen auseinandergesetzt und sie umgesetzt haben. Beim Configuration Management ist der höchste Prozentwert (25%) zur Umsetzung, die aktuell durchgeführt wird. In weiteren 22% ist der Prozess bereits implementiert und mit jeweils 19% stimmten die Teilnehmer für Umsetzung in Planung sowie keine Umsetzung geplant. Das Continual Service Improvement Management ist der Prozess, der mit 24% „weiß nicht" der am wenigsten bekannte Prozess bei den Teilnehmern ist. Auch die Ergebnisse zum Release und Deployment Management sind relativ ausgeglichen über alle Antwortmöglichkeiten hinweg. In den Unternehmen von 28% Teilnehmern ist dieser Prozess bereits umgesetzt.

Interessanterweise wurde in den Unternehmen der Teilnehmer zu 88% ein Incident & Service Request Management umgesetzt, wenn auch ein Service Portfolio Management vorhanden ist. Umgekehrt ist in 95% der

---

[26] Vgl. FitSM-:1 Anforderungen S. 6 ff   (http://fitsm.itemo.org/wp-content/uploads/sites/3/2018/05/FitSM-1_Anforderungen.pdf)

Unternehmen, in denen kein Service Portfolio Management implementiert werden soll, auch keine Umsetzung von Capacity Management geplant. Darüber hinaus zeigt sich, dass in den Unternehmen, in denen kein Incident & Service Request Management geplant ist, auch keine Implementierung der anderen Prozesse geplant ist.

ITSM Werkzeuge

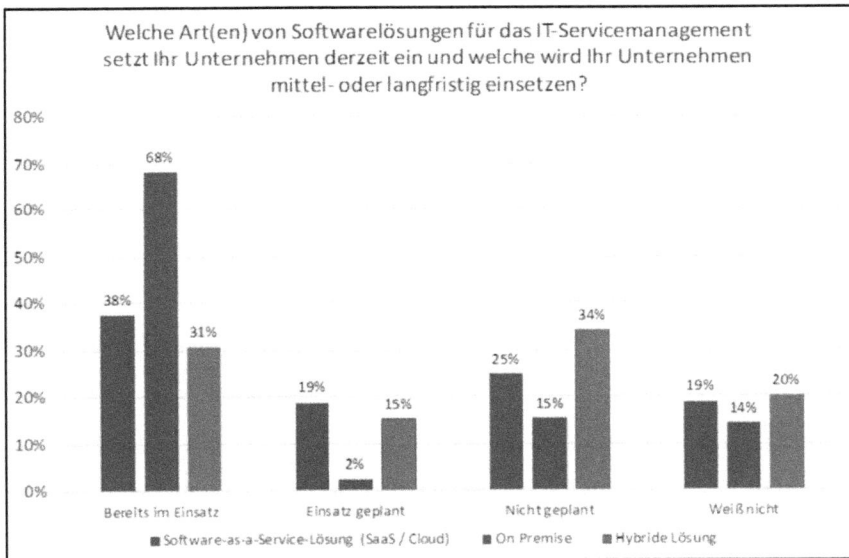

Abbildung 20: Welche Art(en) von Softwarelösungen für das IT-Service-Management setzt Ihr Unternehmen derzeit ein und welche wird Ihr Unternehmen mittel- oder langfristig einsetzen?

Trotz der zunehmenden Nutzung von Cloud Computing setzen mit 68% der Befragten noch viele der Unternehmen auf „on premise" Software im IT-Service-Management Umfeld. Cloudbasierte Lösungen, die häufig als Software-as-a-Service angeboten werden, werden aktuell zu 38% eingesetzt. Darüber hinaus ist bei weiteren 19% der Teilnehmer ein

Einsatz von Software-as-a-Service im Bereich ITSM geplant. Hybride Lösungen werden bei 31% eingesetzt und sind bei 15% geplant. Unter Berücksichtigung der Antworten lassen sich keine Auffälligkeiten bei der Betrachtung der Antworten von den verschiedenen Unternehmensgrößen feststellen.

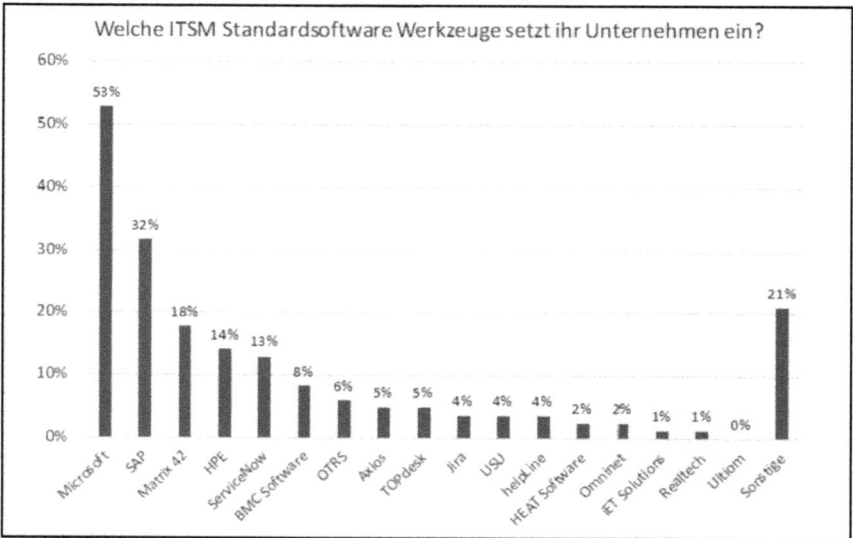

Abbildung 21: Welche ITSM Standardsoftware Werkzeuge setzt ihr Unternehmen ein?

In Abbildung 21 zeigt sich, dass ITSM Werkzeuge von Microsoft, wie z.B. System Center Service Manager, bei mehr als der Hälfte als Standard für das IT-Service-Management eingesetzt wird. Auch ITSM Software von SAP wird von relativ vielen Teilnehmern verwendet (32%). Die Plattform ServiceNow, genau wie ITSM Software der Firma HPE und das Workspace Management Matrix42 werden von jeweils 13 bis 18% der Befragten als ITSM Standardsoftware genutzt. Die übrigen Werkzeuge werden nur von vereinzelten Teilnehmern in deren Unternehmen eingesetzt. Dies könnte auf die nicht so große Bekanntheit dieser Werkzeuge zurückzuführen sein oder da es sich speziallisierte Software (z.B. branchenspezifisch) handelt.

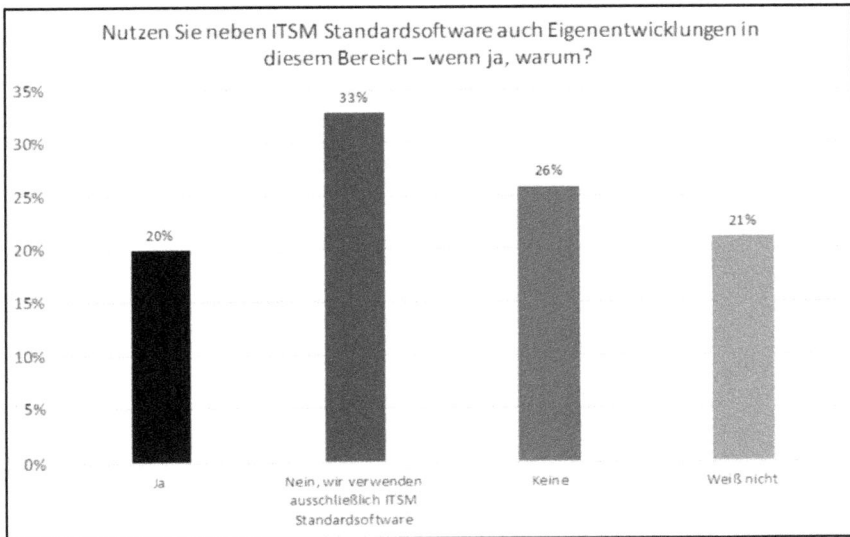

Abbildung 22: Nutzen Sie neben ITSM Standardsoftware auch Eigenentwicklungen in diesem Bereich – wenn ja, warum?

Dazu ergänzend nutzen 20% der Befragten neben der eben genannten ITSM Standardsoftware eine eigenentwickelte Lösung. Gründe für diese Eigenentwicklungen sind z.B. spezifische Bedürfnisse, Altlasten und das Einsparen von Lizenzgebühren. 33% der Teilnehmer nutzen in ihrem Unternehmen ausschließlich die oben genannte ITSM Standardsoftware. Aus der Verknüpfung mit der vorherigen Frage lässt sich erkennen, dass zu diesen Standardwerkzeugen das Matrix42 Workspace Management sowie die ServiceNow Plattform und Software der Firmen Microsoft und SAP zählen. Innerhalb der Unternehmen werden von 26% der Teilnehmer keine Eigenentwicklungen und keine ITSM Standardsoftware eingesetzt. Die verbleibenden 21% der Teilnehmer konnten keine Aussage dazu treffen, da sie möglicherweise keinen Über-

blick über die Softwarenutzung in Ihrem Unternehmen haben. Zusätzlich wurde bei dieser Frage die Unternehmensgröße zur Auswertung
hinzugezogen. Daraus ergibt sich, dass je größer ein Unternehmen ist,
desto weniger Eigenentwicklungen finden Anwendung. Stattdessen
wird hauptsächlich ITSM Standardsoftware verwendet.

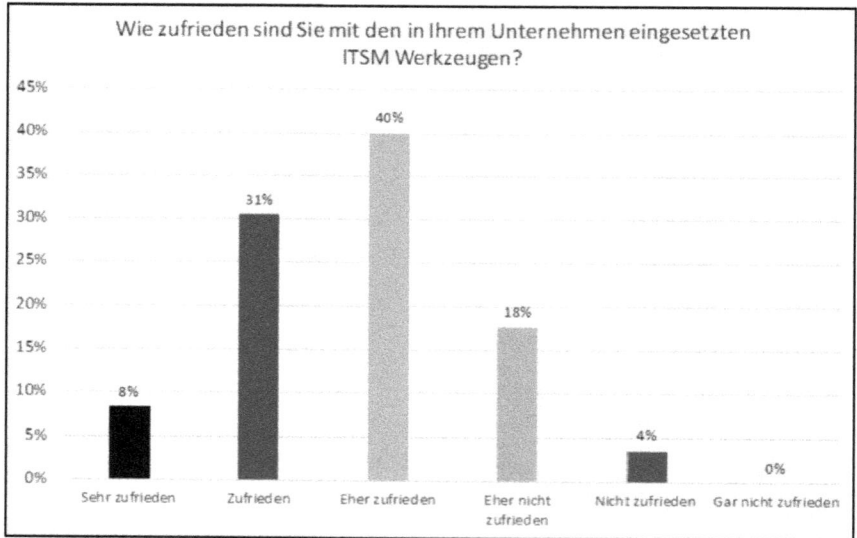

**Abbildung 23: Wie zufrieden sind Sie mit den in Ihrem Unternehmen
eingesetzten ITSM Werkzeugen?**

Wie die Abbildung 23 zeigt, sind die Teilnehmer der Umfrage mit den
eingesetzten ITSM Werkzeugen überwiegend zufrieden. 7 Teilnehmer
sind sogar sehr zufrieden. Jedoch sind 18% der Teilnehmer eher nicht
zufrieden und 4% nicht zufrieden. Diese negativen Empfindungen können z.B. daher kommen, dass die Anwendung der Werkzeuge aktuell
noch nicht ausgereift genug ist. Dies geht auch aus den Kommentaren
zu dieser Frage hervor. Von den Teilnehmern, die bei der vorherigen
Frage angegeben haben, dass zusätzlich Eigenentwicklungen verwendet
werden, ist die Mehrheit (53%) zufrieden mit den eingesetzten ITSM

Werkzeugen. In den Unternehmen, die nur ITSM Standardsoftware verwenden, sind 25% der Teilnehmer zufrieden mit den Werkzeugen und 40% eher zufrieden. Weitere 21% dieser Teilnehmer sind eher nicht zufrieden bzw. nicht zufrieden. Diese Unzufriedenheit könnte eventuell durch die mangelhaften Anpassungsmöglichkeiten von Standardprogrammen an die Gegebenheiten im Unternehmen oder durch eine komplizierte Handhabung der Software entstehen.

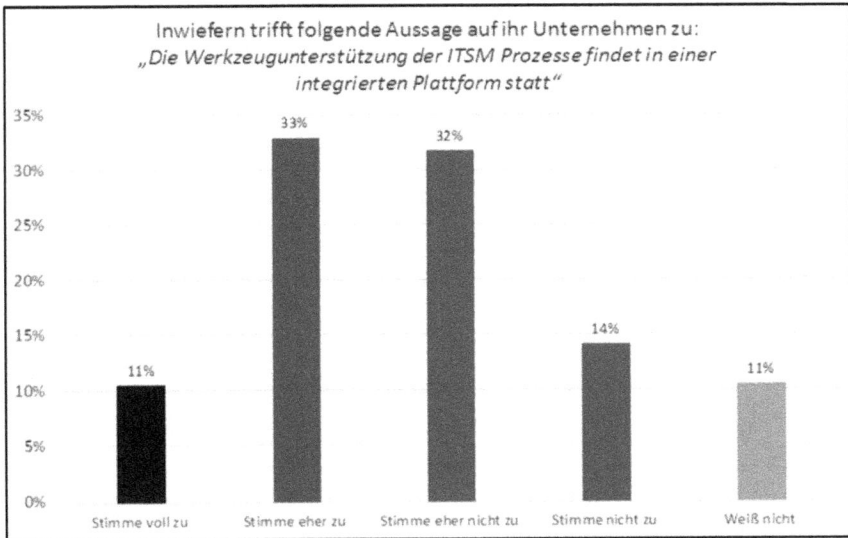

Abbildung 24: Inwiefern trifft folgende Aussage auf ihr Unternehmen zu: „Die Werkzeugunterstützung der ITSM Prozesse findet in einer integrierten Plattform statt"

Bei der Betrachtung der Abbildung 24 zeigt sich, dass die Teilnehmer insgesamt zwischen „Stimme eher zu" und „Stimme eher nicht zu" schwanken. Nur bei 11% der Teilnehmer findet die Unterstützung durch Werkzeuge von den ITSM Prozessen definitiv in einer integrierten Plattform statt. Dem gegenüber stehen 14% der Teilnehmer, die dieser Aussage nicht zu stimmen. Dies bedeutet, dass bei diesen Teilnehmern zur Abwicklung der ITSM Prozesse mehrere Tools zum Einsatz kommen, die aufgrund fehlender Integration möglicherweise zu Mehraufwand und Redundanzen führen. Ein Grund dafür könnten inkonsistente Datenstände über die verschiedenen Werkzeuge hinweg sein, die z.B. durch eine fehlende Kompatibilität zwischen den unterschiedlichen Systemen entstanden sind.

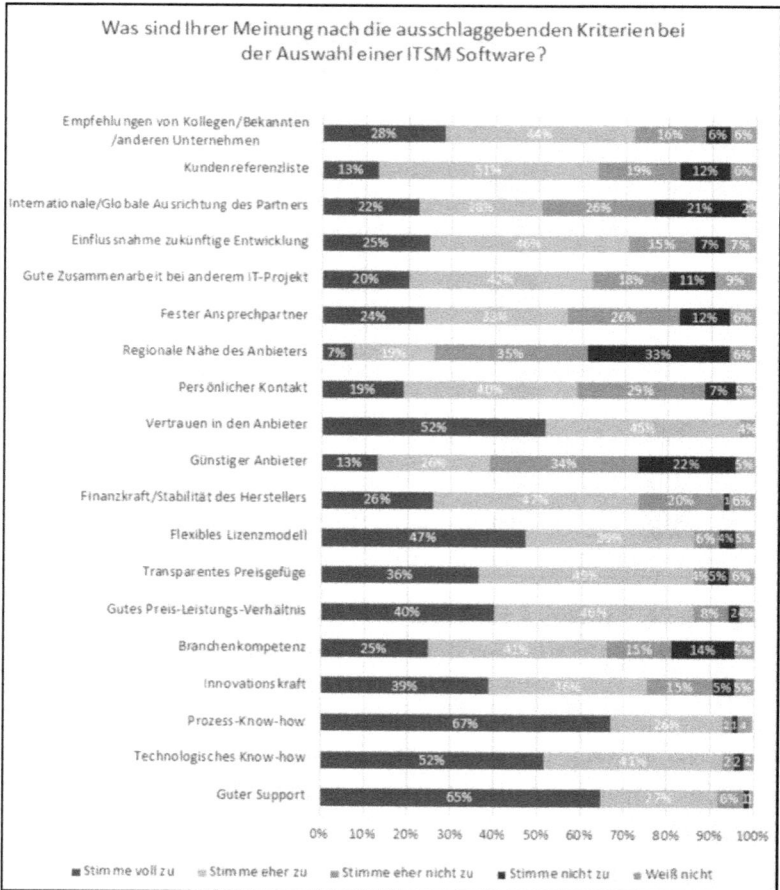

Abbildung 25: Was sind Ihrer Meinung nach die ausschlaggebenden Kriterien bei der Auswahl einer ITSM Software?

Die in Abbildung 25 dargestellte Frage bezieht sich auf die für die Teilnehmer wichtigen Kriterien zur Auswahl einer IT-Service-Management Software. Die ausschlagendenden Kriterien bei der Auswahl dieser Software sind das Vertrauen in den Anbieter, das Prozess-Know-How, das technologische Know-How und ein guter Support. All diesen Kriterien stimmten die Teilnehmer mit mehr als 50% zu. Die Kriterien, die als nicht ausschlaggebend angesehen werden, sind die internationale bzw. globale Ausrichtung des Partners ebenso wie die regionale Nähe des Partners und ein günstiges Angebot. Die Beantwortung dieser Frage lässt erkennen, dass beim Einsatz einer solchen Software die Prozesse und das notwendige Know-How im Vordergrund stehen. Die Einschätzung zur Relevanz der Kriterien für die ITSM Softwareauswahl ist über die Unternehmensgrößen hinweg sehr ähnlich. Die einzige Auffälligkeit ergibt sich bei dem Kriterium „Vertrauen in den Anbieter". Hierbei ist das Vertrauen für große bis sehr große Unternehmen wichtiger als bei den sehr kleinen Unternehmen. Dies könnte daran liegen, dass bei größeren Unternehmen eventuell die Angst vor Spionage von Betriebsgeheimnissen höher ist.

Trends und Ausblick

Keiner der Teilnehmer hat angegeben, dass das Unternehmen, in dem er arbeitet, sehr schlecht auf die Digitalisierung vorbereitet ist und nur ein Teilnehmer hat die Antwort „schlecht" gewählt. Wie bereits erwähnt spielt die Digitalisierung in der heutigen Zeit eine immer größer werdende Rolle für Unternehmen weltweit. Jedoch haben nur 14% der Teilnehmer angegeben, dass sie sich in Ihrem Unternehmen den Herausforderungen der Digitalisierung sehr gut gewachsen sehen. Das bedeutet, dass bei den restlichen Unternehmen noch Handlungsbedarf besteht.

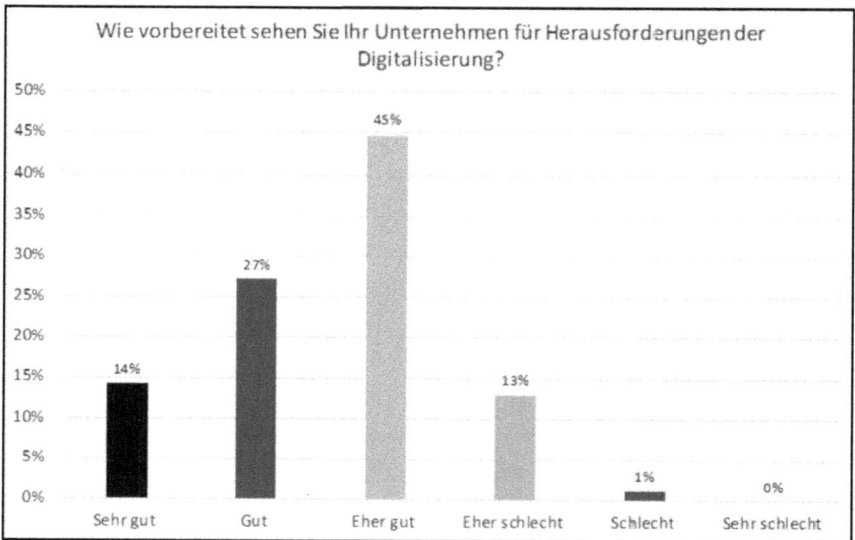

Wie vorbereitet sehen Sie Ihr Unternehmen für Herausforderungen der Digitalisierung?

Abbildung 26: Wie vorbereitet sehen Sie Ihr Unternehmen für Herausforderungen der Digitalisierung?

Etwas weniger als die Hälfte der Teilnehmer hat eine eher gute Vorbereitung im Unternehmen angegeben. Aus den Kommentaren zu dieser Frage geht hervor, dass es aktuell oftmals noch an einer richtigen Mission bzw. einem Plan für die Digitalisierung mangelt. Dennoch scheint es so, dass sich die meisten Unternehmen mit dieser Thematik aktiv auseinandersetzen und in einigen Fällen schon seit längerem an Projekten dazu arbeiten. Die Einschätzungen der Teilnehmer sind sowohl bei kleineren als auch bei größeren Unternehmen ähnlich und lassen keine Auffälligkeiten erkennen.

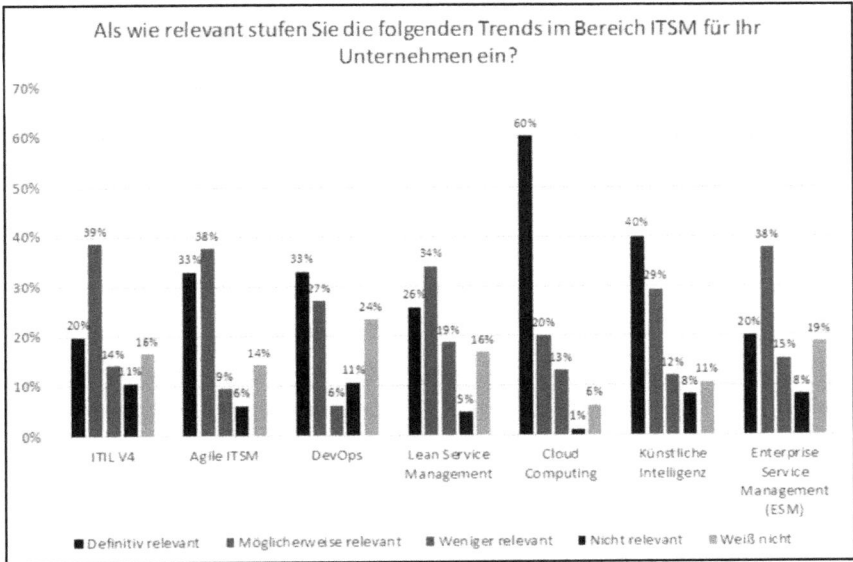

Als wie relevant stufen Sie die folgenden Trends im Bereich ITSM für Ihr Unternehmen ein?

Abbildung 27: Als wie relevant stufen Sie die folgenden Trends im Bereich ITSM für Ihr Unternehmen ein?

Die letzte Frage aus dem Fragenbogen hat die Teilnehmer zu ihrer Einschätzung zu den Trends im ITSM Bereich befragt. Interessanterweise wurden die Themen DevOps, Cloud Computing und Künstliche Intelligenz als definitiv relevant eingeschätzt. Dahingegen wurden die Themen ITIL V4, Agile ITSM, Lean Service Management und Enterprise Service Management (ESM), Themen, die aktuell in der „ITSM-Gemeinde" stark diskutiert werden, nur als möglicherweise relevant eingeschätzt. Wenn man die Antworten „definitiv relevant" und „möglicherweise relevant" je Trend zusammenaddiert, dann kommt man jeweils auf ca. 60%. Das bedeutet, dass alle genannten Bereiche bereits in den Unternehmen der Teilnehmer wahrgenommen werden.

Fazit

Die Auswertung der vorliegenden Studie zeigt, dass die Mehrheit der Teilnehmer mit dem IT-Service-Management in ihrem Unternehmen zufrieden ist. Ein großer Teil der Teilnehmer ist davon überzeugt, dass die Steuerung der IT-Organisation ohne ein geeignetes IT-Service-Management nicht denkbar ist. Dies wird auch dadurch bestätigt, dass der Reifegrad des IT-Service-Managements im Unternehmen von vielen Teilnehmern als gut eingeschätzt wird.

Die Auswertung zeigt weiterhin, dass ITIL in einem Großteil der Unternehmen der Teilnehmer im Rahmen des IT-Service-Managements eingesetzt wird. Dabei zählt für die Einführung und den Einsatz von IT-Service-Management die hohe Arbeitsbelastung der Mitarbeiter zu den größten Hürden, die es zu bewältigen gilt.

Beim Thema Zertifizierung zeigt sich, dass im ITSM Umfeld vor allem nach ITIL zertifiziert wurde bzw. es angestrebt wird. Die Zertifizierung nach anderen ITSM Normen und Standards wie z. B. eTom oder FitSM werden in fast allen Unternehmen der Teilnehmer nicht angestrebt, was sich möglicherweise durch die mangelnde Bekanntheit dieser erklären lässt.

Zu den am häufigsten eingesetzten ITSM Prozessen zählt das Incident und Service Request Management, gefolgt vom Change Management und Problem Management. Dementsprechend zählen diese Prozesse für viele Unternehmen zu den wichtigsten und ersten Prozessen, die bei der Einführung eines IT-Service-Managements implementiert werden.

Eine überwiegende Zufriedenheit zeigt sich bei den eingesetzten ITSM Tools. Lediglich 22% geben hier an, eher nicht zufrieden mit den eingesetzten Werkzeugen zu sein. Zu den wichtigsten Auswahlkriterien von ITSM Tools zählen für die Teilnehmer vor allem ein entsprechendes Prozess Know-How des Anbieters sowie ein guter Support. Die zunehmende Nutzung von Cloud Computing und flexiblen Software-as-a-Service Angeboten zeigt sich auch in der vorliegenden Studie. Derzeit werden Softwarelösungen im ITSM Umfeld vor allem noch on Premise betrieben. Mit 68% der Teilnehmer ist dieser Wert relativ hoch. Anderseits setzen bereits 38% Cloud-Lösungen ein und weitere 19% planen den Einsatz. Für lediglich 25% ist der Einsatz von Cloud-basierten Lösungen nicht geplant bzw. vorgesehen. Das zeigt auch, das im Bereich ITSM der Trend „Cloud Computing" mit 60%iger Zustimmung als definitiv relevant angesehen wird. Bei den eingesetzten ITSM Softwarelösungen setzen 20% der Unternehmen vor allem auf Eigenentwicklungen. Dies könnte damit begründet werden, dass auf diese Weise eine leichtere Ausrichtung der Software an den Bedürfnissen des eigenen Unternehmens vorgenommen werden kann. Auf der anderen Seite nutzen 33% der Teilnehmer nur Standardwerkzeuge, wie z.B. Microsoft Produkte. Weitere 20% gaben an, sowohl Eigenentwicklungen als auch Standardsoftware einzusetzen. Auf die zusätzlichen Herausforderungen der Digitalisierung, die auch den Bereich des IT-Service-Managements betreffen, sehen die meisten Teilnehmer ihr Unternehmen gut vorbereitet.

Insgesamt lässt sich erkennen, dass der Bereich IT-Service-Management in allen Unternehmen der Teilnehmer bereits angekommen ist. An einigen Stellen stehen manche Unternehmen noch in der Einführungsphase, was jedoch aufgrund der hohen Komplexität und des großen Umfangs dieses Bereichs nicht verwunderlich ist.

Gesamtfazit der Umfrage

Nachdem der vorherige Abschnitt bereits ein Fazit über die Umfrageergebnisse gezogen hat, soll hier nun noch ein kurzes Gesamtfazit über das Projekt gezogen und auf ein paar Lessons Learned eingegangen werden. Zuerst einmal kann festgehalten werden, dass das Projekt Umfrage bis auf die Erstellung des eBooks und den Versand der Ergebnisse an die Teilnehmer zu diesem Zeitpunkt erfolgreich beendet wurde. Der Erfolg kann an den vorher gesetzten und nun erreichten Zielen abgelesen werden. Da diese in Teilen aber keine genauen Vorgaben umfassten, wie z.B. eine erforderliche Teilnehmerzahl, und auch zu Beginn der Umfrage keine Hypothese aufgestellt wurden, die durch die Ergebnisse bestätigt oder widerlegt wurden, überlassen wir es jedem Leser, die Resultate für sich zu bewerten.

Gleichzeitig ist dieses aber auch eine wichtige Erkenntnis für den Dozenten, dass eine derartige Umfrage durch eine bessere methodische Fundierung sehr aufgewertet würde. Die Zeitrestriktionen führten leider bei diesem Punkt wie auch bei eigentlich allen Phasen des Projekts zu einem Mangel an kritischer Reflexion. Neben der in Teilen fehlenden fachlichen Expertise war es also insbesondere der Zeitaspekt, der das Projekt behinderte und die Qualität des Ergebnisses stark beeinflusste.

Auf der anderen Seite konnten die Studierenden im Rahmen der Umfrage und innerhalb des begrenzten Zeithorizonts einer Vorlesungsphase zahlreiche neue Erkenntnisse sammeln und insbesondere auch vieles davon direkt praktisch umsetzen. Die Ergebnisse der Umfrage können als Benchmark für Betriebe dienen und sie auf diese Weise bei der Einführung oder auch Weiterentwicklung ihres eigenen ITSM unterstützen.

Der folgende Buchabschnitt ist insbesondere für die Umfrageteilnehmer und Leser gedacht, denen die auch in der Umfrage abgefragten aktuellen Trends im ITSM bisher wenig bekannt bis unbekannt waren. Aber auch die Personen, die sich bereits mit den Trends beschäftigt haben, werden in den Beiträgen sicherlich noch einige neue Informationen erhalten.

ITSM Beiträge

In diesem zweiten Buchabschnitt folgen nun sechs Beiträge zu aktuellen Trends im IT-Service-Management. Die Auswahl der Themen lag darüber hinaus in der Hand der Studierendenteams, so dass hier nicht alle momentan in Zusammenhang mit ITSM diskutierten Technologiethemen behandelt werden können. Allerdings werden mit Agilität und DevOps zwei neue Arbeitsweisen (IT-Paradigmen), die immer mehr Eingang in ITSM finden, mit Enterprise Service Management (ESM) eine Erweiterung des ITSM-Ansatzes auf viele weitere Unternehmensbereiche und Abteilungen und mit Schatten-IT sowie IT-Sicherheit und Datenschutz zwei kritische Themenbereiche in Zusammenhang mit ITSM, deren sich IT-Verantwortliche bewusst sein sollten, genauer untersucht und vorgestellt.

Die folgende Liste führt noch drei weitere relevante Trends auf:

- Künstliche Intelligenz – mit künstlicher Intelligenz und speziell dem Teilgebiet Maschinelles Lernen können verschiedene ITSM-Prozesse unterstützt werden, indem z.B. Störungen und Anfragen automatisch bearbeitet werden (reaktiv) oder anhand von Mustern potentielle Störungen bereits im Vorfeld erkannt und verhindert werden (proaktiv).

- Chat-Bots – obwohl Chat-Bots auch zum Themenbereich Künstliche Intelligenz gehören, werden sie häufig als eigener Trend benannt. Diese textbasierten Dialogsysteme werden zu einer großen Effizienzsteigerung am Service Desk führen. Ein wichtiges Element dabei wird in Zukunft auch die Spracherkennung bzw. Verarbeitung natürlicher Sprache (Natural language processing).

- Business-IT-Alignment – der Trend der digitalen Transformation führt dazu, dass die fortlaufende, gegenseitige Abstimmung von Geschäftsbereichen und IT-Bereich verstärkt und die IT ein integraler Bestandteil des Geschäfts wird. Die Technologiearchitektur bestimmt in Zukunft möglicherweise die Geschäftsarchitektur, was das Business Relationship Management zum zentralen Prozess von ITSM macht.

ITIL 4

Autor: Achim Schmidtmann

Am 18. Februar 2019 erschien mit dem Buch ITIL Foundation und nach vielfältigen Ankündigungen seit Ende 2018 das erste Buch der ITIL 4 Edition in Englischer Sprache, welches auch die Grundlage dieses Beitrags bildet[1]. Nun können die vielen vorherigen Vermutungen über Veränderungen, Neuerungen und weiterhin gültige Konzepte anhand des Buches überprüft werden.

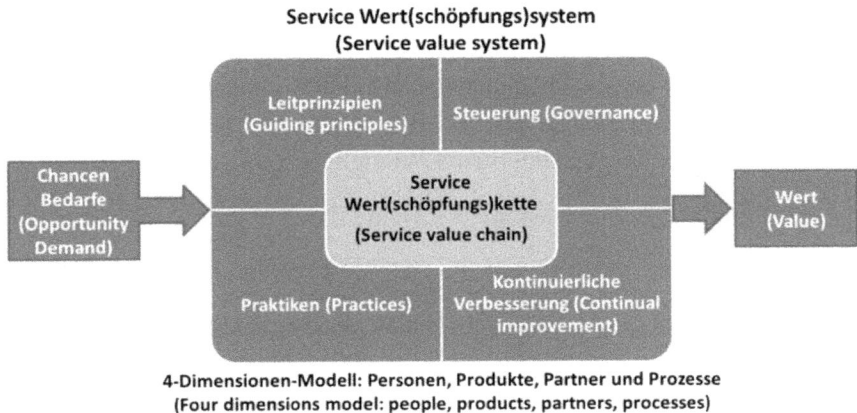

Service Wert(schöpfungs)system (Service value system)

Leitprinzipien (Guiding principles)

Steuerung (Governance)

Chancen Bedarfe (Opportunity Demand)

Service Wert(schöpfungs)kette (Service value chain)

Wert (Value)

Praktiken (Practices)

Kontinuierliche Verbesserung (Continual improvement)

4-Dimensionen-Modell: Personen, Produkte, Partner und Prozesse
(Four dimensions model: people, products, partners, processes)

Abbildung 28: Ganzheitlicher Ansatz ITIL 4[2]

Wie schon von verschiedenen ITIL-Experten betont stellt ITIL 4 keine Revolution sondern eine Evolution dar. Der Kern aus ITIL V3 2011 ist erhalten geblieben, so dass die neue Version einen hohen Wiedererkennungseffekt bietet. Allerdings liegt der Hauptfokus nicht mehr auf den Prozessen und dem Service Lifecycle sondern auf dem Value, dem

---

[1] Vgl. AXELOS, ITIL Foundation, ITIL 4 edition. TSO (The Stationery Office), 2019.

[2] In Anlehnung an ebenda

Wert für den Kunden, und dem Service Value System (SVS - Service-Wert(schöpfungs)system) sowie der Service Value Chain (SVC - Service-Wert(schöpfungs)kette) (siehe Abbildung 28), die im Folgenden noch näher erläutert werden.

Die Leitprinzipien (Guiding Principles) aus dem ITIL Practitioner Ansatz aus 2015 bilden darüber hinaus auch die Maxime der neuen Version. Dazu gehören u.a. die ganzheitliche Sicht (Work holistically), die Orientierung am Wert für die Kunden (Fokus on Value), das iterative Vorgehen (Progress Iteratively), die Zusammenarbeit (Collaborate), die Transparenz (Be transparent) sowie die Einfachheit und die Praktikabilität (Keep it simple). Neu in ITIL 4 sind viele praktische Beispiele und Empfehlungen zur Anwendung von Philosophien wie Agile[3], DevOps[4] und Lean[5] im Service-Management, um damit Unternehmen auf ihrem Weg der digitalen Transformation zu unterstützen. Eine Neuerung sind auch die beiden Schlüsselelemente (Modelle)

- Service-Value-System (SVS) und das

- 4-Dimensionenmodell (Four dimensions model).

Das SVS ist ein neues Modell für die Wertschöpfung und eine Erweiterung des Service Lifecycles aus ITIL V3. Es bildet ab, wie alle Komponenten und Aktivitäten einer Organisation zusammenkommen, um die Wertschöpfung durch IT-fähige Services zu erleichtern. Im Zentrum dieses Systems steht die Service Value Chain (SVC). Hierbei handelt es sich um ein Betriebsmodell für die Bereitstellung - Entwicklung, Lieferung und kontinuierlichen Verbesserung - von Dienstleistungen durch

---

[3] Siehe Abschnitt Agile ITSM-Methoden
[4] Siehe Abschnitt DevOps – Einführung und Beschreibung
[5] Hierunter fallen die bereits bekannten Lean-Prinzipien wie z.B. „Verstehe den Wertstrom und eliminiere Verschwendungen." oder „Strebe nach Perfektion (Kaizen)."

sechs Schlüsselaktivitäten, die auf verschiedene Weise flexibel kombiniert werden können. Diese Schlüsselaktivitäten sind:

- Planung (plan) - übergreifende Planung aller Produkte und Services – Verstehen des Kunden

- Verbesserung (improve) - fortlaufende Verbesserungen der Produkte, Services, Praktiken über alle Wertschöpfungsaktivitäten

- Engagement (engage) –vollständige Sicht (Transparenz) auf alle Anforderungen in Richtung Kunden und Partner

- Entwurf und Überleitung (design and transition) – Erwartungskonformität der Produkte und Services bzgl. Qualität, Kosten und Marktbereitschaft

- Beschaffung / Konstruktion (obtain / build) – Verfügbarkeit aller Servicebestandteile entsprechend der vereinbarten Spezifikation zur Durchführung von Änderungen

- Lieferung und Pflege (deliver and support) – Lieferung und Betreuung aller Services (Betrieb) entsprechend der vereinbarten Spezifikationen

Jede Komponente des SVS hat das zweite Schlüsselelement, das 4-Dimensionen-Modell (four dimension model), zu berücksichtigen. Die vier Dimensionen sind eine Weiterentwicklung der 4 P's of ITIL Service Design (oder Service Management) – Personen, Produkte, Partner und Prozesse (people, products, partners, processes). Bereits das vorher benannte Leitprinzip „ganzheitliche Sicht" (Work holistically) betont die Beachtung jeder dieser vier Dimensionen in allen Entscheidungsbereichen.

Die bisher in ITIL-Prozessen abgefassten Aktivitäten werden nun in ITIL-Praktiken (practices) ebenfalls als Komponente des SVS beschrieben. Sie gliedern sich in 14 allgemeine Management-Praktiken (General management practices), 17 Service-Management-Praktiken (Service management practices) und drei technische Management-Praktiken (Technical management practices).

Die 14 allgemeinen Management-Praktiken umfassen fast alle Kernprozesse der Service Strategy Phase aus ITIL V3 und die Continual Service Improvement Phase, die zum Teil jedoch verändert wurden, aber darüber hinaus auch einige neue Praktiken wie z.B. Architekturmanagement (Architecture management), Personal- und Kompetenzenmanagement (Workforce and talent management), Risikomanagement (Risk management) oder auch Veränderungsmanagement (Organizational change management) und Projektmanagement (Project management).

In den 17 Service-Management-Praktiken finden sich die wesentlichen Kernprozesse aus den Phasen Service Design, Transition und Operation aus ITIL V3 und der Service Desk, der bisher unter dem Begriff Funktion gefasst war. Auch hier wurden einige Praktiken gegenüber den Prozessen verändert aus ITIL V3 und mit Business Analysis ist auch eine neue Praktik hinzugekommen.

Die weiteren Funktionen aus ITIL V3 befinden sich in den drei technischen Management-Praktiken, der Softwareverteilung (Deployment management), diese ist allerdings neu in ITIL 4, dem Management von IT-Infrastrukturen und IT-Plattformen (Infrastructure and platform management) und der Entwicklung und dem Management von Software (Software development and management), dieses wurde verändert.

Neben den oben bereits dargestellten ITIL Guiding Principles umfasst das SVS zusätzlich auch noch die Komponenten Steuerung (Governance), dabei geht es um die Steuerung und Kontrolle der Organisation, und Kontinuierliche Verbesserung (Continual Improvement), ein Modell für die Identifizierung und Umsetzung von Verbesserungen, der auf allen Ebenen der Organisation Anwendung finden kann und mit dem aus ITIL V3 bekannten "Verbesserungs-Prozess in sieben Schritten" vergleichbar ist.

Zusätzlich umfasst ITIL 4 auch eine grundlegende Verbesserung des bestehenden ITIL Qualifizierungsmodells. Es ist die Antwort auf Kritik an der aktuellen Vielzahl der Qualifizierungen aufgeteilt in die verschiedenen Schulungen bzw. Zertifizierungen der ITIL Lifecycle und Capability Module.

Zusammenfassend kann man festhalten, dass ITIL 4 gegenüber ITIL V3 2011 und den Vorgängerversionen einen ganzheitlicheren Ansatz darstellt. Das SVS vereint ITSM, Entwicklung, Betrieb, Geschäftsbeziehungen und Governance auf Basis des Wertstroms (Value stream) der verschiedenen Produkte und Dienstleistungen vom Bedarf bzw. der Nachfrage (Demand) bis zum eigentlichen Wert (Value) (siehe Abbildung 28). Somit stellt es ein vollständig integriertes Modell für das digitale Service-Management dar und setzt es gleichzeitig in einen strategischen Kontext.

Ferner umfasst die Integration neben den aus vorherigen ITIL Versionen vertrauten und damit komfortabel weiter nutzbaren Elementen auch neue Arbeitsweisen (Philosophien) und aufkommende Praktiken. Mit der Einbeziehung von Methoden wie Agile, DevOps und Lean aber auch Themen wie organisatorischem Change-Management schafft ITIL 4 die eigene digitale Transformation und berücksichtigt die heutigen und zukünftigen Anforderungen der Unternehmen, um diese auch in Zukunft bestmöglich dabei zu unterstützen, ihre Services zu managen.

Agiles IT-Service Management

Autoren: Katrin Becker, Catharina Beschmann, Maximilian Hlawna, Jan-André Zinser

Im Hinblick auf den digitalen Wandel stellen bürokratische Prozesse, lange Entwicklungszeiten und konventionelle Services und Methoden Probleme in Unternehmen dar. Mit neuen Technologien und IT-Lösungen kann der Erfolg in Unternehmen aufrechterhalten und gesteigert werden. Um sich an die immer komplexer werdenden Ansprüche anzupassen, muss das IT-Service Management agiler werden. Auf alle Neuerungen muss dynamisch reagiert werden und die Services müssen optimal verwaltet werden, um die Kundenzufriedenheit beizubehalten.[1]

Dieser Beitrag beschäftigt sich zunächst mit der Definition des agilen IT-Service Managements sowie mit den Veränderungen des IT-Service Management durch die Agilität. Des Weiteren werden die klassischen und agilen Vorgehensweisen und Frameworks beschrieben und die Einsatzmöglichkeiten des agilen Service Managements in Unternehmen aufgezeigt.

Definition

Um eine genaue Vorstellung von dem Begriff Agilität zu bekommen, muss dieser zunächst genauer betrachtet werden. Der Begriff *agil* stammt von dem lateinischen Ausdruck *agilis* und steht für *von großer Beweglichkeit zeugend*, *regsam* und *wendig*.[2] Im modernen Kontext wird häufig das Adjektiv *flexibel* als Synonym verwendet. Unter Agili-

---

[1] Vgl. Groll Jayne: The Agile Service Management Guide, Kapitel 1
[2] Vgl. Duden online: agil

tät wird im Allgemeinen das flexible Reagieren auf unvorhergesehene Ereignisse und neue Anforderungen verstanden.[3] Für Unternehmen ist „[d]ie Agilität, d. h. die Geschwindigkeit der Anpassung an sich verändernde Rahmenbedingungen und neue Marktsituationen, [...] eine der wichtigsten Herausforderungen [...]"[4]. Laut einer Studie[5] des Instituts für Personalforschung an der Hochschule Pforzheim sind die vier wesentlichen Aspekte der Agilität Geschwindigkeit, Anpassungsfähigkeit, Kundenzentriertheit und agile Haltung. Zu den ersten zwei Aspekten zählen die dynamische Anpassungsfähigkeit und Reaktion auf Veränderungen von Unternehmen. Um adäquat auf Kundenwünsche reagieren zu können stehen kurze Zyklen und Iterationen im Fokus der Kundenzentriertheit. Mit der Haltung wird die agile Denkweise und somit der Umgang auf Augenhöhe verstanden.[6]

Das agile Manifest kann nicht nur in der Softwareentwicklung eingesetzt werden, auch für das Erbringen von Services ist dies sinnvoll. Zusammenfassend müssen Organisationen flexibler und weniger bürokratisch werden sowie einen Mehrwert für ihre Kunden schaffen, indem bspw. Änderungen auch späterhin im Prozess erfolgen können oder Entwicklungen kontinuierlich vorgestellt und verbessert werden. Funktionierende Produkte, die Zusammenarbeit mit den Kunden und die Reaktion auf Veränderungen sind wesentliche Bestandteile dessen.[7]

Eine Definition nach dem DevOps Institute zum agilen Service Management lautet: "Agile Service Management (Agile SM) ensures that ITSM processes reflect agile values and are designed with "just

---

[3] Vgl. Bendel Oliver: „Agilität"

[4] Hanschke Inge, Strategisches Management der IT-Landschaft, Absatz 2.3.2.

[5] Vgl. Hochschule Pforzheim: Institut für Personalforschung (IfP): Auf dem Weg zur agilen Organisation

[6] Vgl. Fischer Stephan, Dr. Weber Sabrina, Zimmermann Annegret: Was ist Agilität und welche Vorteile bringt eine agile Organisation?

[7] Vgl. Beck Kent et al.: Manifest für Agile Softwareentwicklung.

enough" control and structure in order to effectively and efficiently deliver services that facilitate customer outcomes when and how they are needed."[8]

Beim agilen Service Management muss sichergestellt werden, dass die agilen Grundsätze – vom Design über die Implementierung bis hin zur kontinuierlichen Optimierung – in jedem Service Management Prozess integriert sind. Kundenanforderungen sollen schneller umgesetzt und erfüllt werden, indem die Fähigkeit der unternehmenseigenen IT verbessert wird. Durch diese Umsetzung sollen Unternehmen effektiver und effizienter sein und Prozesse „gerade genügend" gestalten, so dass damit gearbeitet werden kann. Mit dieser Möglichkeit sollen schnell Ergebnisse erreicht und Services bereitgestellt werden, die einen dauerhaften Kundennutzen bieten.[9] Diese Ziele werden durch die Aspekte des *Agile Process Design* und des *Agile Process Improvement* erreicht.

Das Vorgehen beim agilen Prozessdesign ist äquivalent zu der agilen Softwareentwicklung. Prozesse werden in möglichst kleinen Inkrementen entwickelt, freigegeben und stetig verbessert. Diese Vorgehensweise ist essenziell. Prozesse sollten nicht mit zu vielen Details entwickelt werden, so dass Ergebnisse schnell, effektiv und effizient entstehen können. Die agile Prozessverbesserung dient zur Kontrolle und Einhaltung der Agilität. Dadurch wird sichergestellt, dass die Prozesse des Service Managements auf den agilen Prinzipien des Continual Service Improvement (CSI) basieren. Prozesse müssen „gerade genug" Kontrolle und Struktur beinhalten. Die Fehleridentifikation und -eliminierung ist jedoch die wichtigste Anforderung in diesem Bereich.[10] Weitere Erläuterungen zum agilen Prozessdesign und zur agilen Pro-

---

[8] Groll Jayne: The Agile Service Management Guide, Kapitel 4
[9] Vgl. Groll Jayne: The Agile Service Management Guide, Kapitel 4
[10] Vgl. Groll Jayne: The Agile Service Management Guide, Kapitel 4

zessoptimierung erfolgen im Kapitel *Veränderung des ITSM durch Agilität.*

Veränderungen des ITSM durch Agilität

In vielen Unternehmen legen stark bürokratisierte, langwierige Prozesse, die im Rahmen der Umsetzung von ITSM nach beispielsweise ITIL v3 entstanden sind, scheinbar nahe, dass ITSM und ‚Agilität' zueinander im Widerspruch stehen.

Werden die konkreten Grundprinzipien, die dem Service Management zu Grunde liegen, mit den Prinzipien des Agilen Manifests abgeglichen, so gibt es eine große Überschneidung:

Die Grundsätze des IT Service Managements[11]:

- Fokus auf Kunden-Ergebnisse (Outcome)
- Laufend den Kundenwert sicherstellen (Value)
- Den Geschäftserfolg ermöglichen und verstehen
- Qualitative IT-Services liefern
- Services so schnell wie möglich wiederherstellen
- Anpassung an sich ändernde Anforderungen
- Risiken minimieren
- Effektiv und effizient sein
- Prozesse nachhaltig und wiederholbar machen
- IT-Governance-Anforderungen erfüllen

Die 12 Prinzipien der agilen Softwareentwicklung[12]:

---

[11] vgl. Andenmatten Martin: Agile Service Management
[12] Beck Kent et al.: Manifest für Agile Softwareentwicklung

- Unsere höchste Priorität ist es, den Kunden durch frühe und kontinuierliche Auslieferung von Software zufrieden zu stellen.
- Heiße Anforderungsänderungen selbst spät in der Entwicklung willkommen. Agile Prozesse nutzen Veränderungen zum Wettbewerbsvorteil des Kunden.
- Liefere funktionierende Software regelmäßig innerhalb weniger Wochen oder Monate und bevorzuge die kürzere Zeitspanne.
- Fachexperten und Entwickler müssen während des Projektes täglich zusammenarbeiten.
- Errichte Projekte rund um motivierte Individuen. Gib ihnen das Umfeld und die Unterstützung, die sie benötigen und vertraue darauf, dass sie die Aufgabe erledigen.
- Die effizienteste und effektivste Methode, Informationen an und innerhalb eines Entwicklungsteams zu übermitteln, ist im Gespräch von Angesicht zu Angesicht.
- Funktionierende Software ist das wichtigste Fortschrittsmaß.
- Agile Prozesse fördern nachhaltige Entwicklung. Die Auftraggeber, Entwickler und Benutzer sollten ein gleichmäßiges Tempo auf unbegrenzte Zeit halten können.
- Ständiges Augenmerk auf technische Exzellenz und gutes Design fördert Agilität.
- Einfachheit - die Kunst, die Menge nicht getaner Arbeit zu maximieren - ist essenziell.
- Die besten Architekturen, Anforderungen und Entwürfe entstehen durch selbstorganisierte Teams.
- In regelmäßigen Abständen reflektiert das Team, wie es effektiver werden kann und passt sein Verhalten entsprechend an.

Zwischen ITSM und agilen Methoden besteht also grundsätzlich kein Widerspruch. Dies wird besonders anschaulich, wenn der Begriff ‚Software' durch den allgemeineren Begriff ‚Service' ersetzt wird.

Dennoch zeigt die Realität, dass allein die Umsetzung von ITSM nicht automatisch zu Agilität im Unternehmen führt. Um dies zu erreichen müssen die agilen Prinzipien in alle Bereich des Service Lebenszyklus Eingang finden. Agile Methoden mit ihren klar definierten Strukturen (z.B. definierte Sprintlänge, klare Rollendefinitionen und vorgegebene Termine) bei gleichzeitigem Vertrauen in die Selbstorganisation von Teams, sollten als Werkzeug des Projektmanagements angesehen werden, die es in die bestehenden Service Management Prozesse zu integrieren gilt.[13] Das umfasst das Design der Prozesse, deren Umsetzung sowie die kontinuierliche Verbesserung.

Essenziell ist es dabei das Kundenerlebnis in allen Bereichen des Service Managements in den Fokus zu stellen – sei es bei der initialen Konzeption eines Services oder frühzeitigen Feedbackschleifen nach der Umsetzung von ersten Minimalprozessen. Dabei muss eine Organisation insbesondere für den Detailgrad ihrer Prozesse und Services ein Niveau identifizieren, das als ‚gerade genügend' angesehen werden kann, um zielgerichtet arbeiten zu können, ohne in bürokratische Ineffizienzen oder Chaos abzudriften – ein Vorgang, den jede Organisation individuell durchlaufen muss und der im Verlauf der Zeit stets weiter optimiert werden sollte[14].

Agiles IT Service Management muss sich also Folgendes zum Ziel setzen:

- Sicherstellen, dass agile Werte und Prinzipien Eingang in alle Service Management Prozesse finden – von Design über Implementierung hin zu kontinuierlicher Verbesserung.

---

[13] vgl. Andenmatten Martin: Agile ITSM ist keine Rechtfertigung für das Chaos
[14] vgl. Lichtenberger Alexander: Integrating Agile and ITSM

- Verbesserung der Fähigkeit der IT als Gesamtheit, Kundenanforderungen schneller umzusetzen
- Effektives und Effizientes Arbeiten (‚lean‘)
- Definition von Prozessen mit ‚gerade ausreichender‘ Struktur, Detailgrad und Skalierbarkeit
- Bereitstellung von Services, die dauerhaften Kundennutzen bereitstellen

Wie im Abschnitt *Definition* bereits angedeutet, werden diese Ziele mithilfe konkreter Maßnahmen in zwei Bereichen erreicht – Agile Process Design und Agile Process Improvement.

Agile Process Design[15]

Im Rahmen des agilen Prozessdesigns wird das agile Vorgehen, das Softwareentwickler in der Produktentwicklung nutzen (z. B. Scrum), auf die Entwicklung von Prozessen angewendet. Jeder Prozess wird in kleinen, einsetzbaren Inkrementen entwickelt und kann jederzeit Nutzern bereitgestellt werden. Neue Vorgehensweisen und Verhalten werden so schrittweise eingeführt, was eine ‚Normalisierung‘ dieser Veränderungen erleichtert und gleichzeitig frühzeitig und häufig Feedback bereitstellt, das genutzt werden kann, um die zukünftige Ausrichtung des Prozesses zu steuern.

Dieser iterative und inkrementelle Ansatz erlaubt es ITSM Prozessen, ‚sinnvoll‘ zu wachsen – und im Rahmen der Entwicklung kann kontinuierlich weiter getestet werden, was der korrekte Grad an ‚gerade ausreichender‘ Prozessdefinition ist. Agile Prozesse sind dadurch charakterisiert, dass sie einfach zu verstehen und zu befolgen sind und der beschriebenen Zusammenarbeit und den Ergebnissen mehr Gewicht ein-

---

[15] vgl. Groll Jayne: The Agile Service Management Guide, Seite 11ff

geräumt wird, als den Prozessartefakten selbst. Folgende Aspekte machen ‚agile Prozesse' aus:

- Definierter Verantwortlicher
- Erklärung von Rollen und Verantwortlichkeiten
- Selbstüberprüfung gegen agile Werte und Prinzipien
- Schlankheit, Effizienz, Zweckdienlichkeit
- Skalierbarkeit
- Anpassung an Veränderungen

Im Gegensatz zu einer klassischen Prozessentwicklung, analog zum klassischen Wasserfallmodell aus der Softwareentwicklung, setzt das Agile Process Design auf folgende Best Practices:

- Implementierung von Prozessen in kleinen Inkrementen (dafür häufiger)
- Frühzeitiges Feedback von Endanwendern und direkte Einbeziehung des Feedbacks in der weiteren Prozessentwicklung
- Aktuelle Veränderungen im geschäftlichen Umfeld in zukünftige Prozessveränderung einbeziehen
- Den Nutzern eines Prozesses Zeit geben, Veränderungen anzunehmen und zu institutionalisieren

Es ist wesentlich einfacher, einen Prozess kontinuierlich zu erweitern, als ihn vollumfänglich zu definieren und umzusetzen und dann später in Teilen zurück zu skalieren. Aus diesem Grund hat sich die Definition eines *Minimum Viable Process* (MVP) bewährt. Ein solcher Prozess liefert gerade genug Wert, dass Anwender ihn von Anfang an nutzen werden und gibt Ausblick auf weitere Vorteile in der Zukunft, um das Interesse der ‚Early Adopters' zu halten. Auf diese Weise initiiert der MVP Prozess eine frühzeitige Feedbackschleife mit tatsächlichen Endanwendern, sodass deren Bedürfnisse bestmöglich berücksichtigt werden können und so maximaler Wert für Sie geschaffen werden kann.

Es bleibt anzumerken, dass diese agilen Praktiken nicht als Ersatz, sondern vielmehr als Ergänzung zu traditionellen Best Practices im Bereich Prozess Design zu interpretieren sind (vgl. Abschnitt *ITSM Methoden*).

Eine beispielhafte Beschreibung davon, wie das agile SCRUM-Vorgehensmodell auf einen ITIL Service Delivery Prozess Anwendung finden kann, gibt Alex Lichtenberger in einem Blogbeitrag auf blog.itil.org.[16] Auf eine detaillierte Beschreibung wird an dieser Stelle verzichtet, es bleibt jedoch zu bemerken, dass das Beispiel nahelegt, wie eine sinnvolle Integration von SCRUM und ITSM nach ITIL aussehen kann – speziell in Bezug auf Service Design, Service Transition, Change Management, Release Planning und besonders die agierenden Rollen. Hier wird etwa empfohlen, die Rollen ITIL Service Owner und SCRUM Product Owner mit derselben Person zu besetzen sowie den Scrum Master und den Product Owner in das Change Advisory Board aufzunehmen.

Agile Process Improvement:

Die Definition ‚agiler' Prozesse ist jedoch nur der erste Schritt hin zu einem agilen Service Management. Langfristig gesehen müssen auch große Anstrengungen unternommen werden, um zu gewährleisten, dass die Prozesse im Verlauf ihrer realen Verwendung ihre Agilität beibehalten. Nur zu leicht fallen Nutzer in alte Verhaltensmuster zurück, was die Einführung strikterer, bürokratischerer Vorgehensweisen nahe legt und so die Agilität gefährdet.

Als Kernbereich der kontinuierlichen Verbesserung (Continual Service Improvement, CSI) hat das Agile Process Improvement zur Aufgabe

---

[16] vgl. Lichtenberger Alexander: Integrating Agile and ITSM

sicherzustellen, dass die Prozesse möglichst frei von folgenden Eigenschaften sind[17]:

- Bürokratisch
- Unklar
- Einschränkend
- Zeitaufwändig
- Irrelevant
- Ungenutzt (umgangen)
- Realitätsfern

Zu diesem Zweck sollten Prozessverantwortliche zusammen mit echten Prozessbeteiligten regelmäßig bewusste Überprüfungen ihrer Prozesse vornehmen, in deren Rahmen auch die Relevanz des Prozesses selbst in Frage gestellt werden darf. Die Ergebnisse dieser Audits reichen dann von kleinen Anpassungen über Neudesign bis hin zur Eliminierung des Prozesses.

Der Optimierungsbedarf, der sich aus diesen Audits ableiten lässt, muss seinen Eingang in die Prozessentwicklung finden. Um zu verhindern, dass Änderungen dieser Art dauerhaft der Entwicklung neuer Prozesse prioritätsbedingt zum Opfer fällt, ist die Deklarierung bestimmter Iterationen zu sogenannten ‚CSI-Sprints' möglich. In diesen Iterationen werden dann ausschließlich Optimierungen an bestehenden Prozessen umgesetzt.[18]

Zusammenfassend lässt sich sagen, dass Agilität und ITSM keinen Widerspruch an sich darstellen. Ein sich stetig weiter entwickelndes Geschäftsumfeld macht es auch im Bereich des ITSM notwendig, schnell auf Veränderungen zu reagieren – agile Prinzipien stellen vor diesem Hintergrund ein wichtiges Werkzeug dar, das nicht nur auf den

---

[17] Vgl. Groll Jayne: The Agile Service Management Guide, Seite 40
[18] Vgl. Groll Jayne: The Agile Service Management Guide, Seite 41

klassischen Bereich der Softwareentwicklung beschränkt ist, sondern auch im Rahmen der Prozess- und Serviceentwicklung im Kontext des IT Service Management erfolgreich Anwendung finden kann.

ITSM Methoden

In der Softwareentwicklung bietet die Agilität schon seit längerer Zeit eine Möglichkeit Projekte durchzuführen. Durch diese auch oftmals schnellere Entwicklung und steigende Veränderungsgeschwindigkeit in der IT werden die IT-Prozesse als starr angesehen.[19]

Mit neuen oder angepassten Methoden im IT-Service-Management kann auf diese Veränderungen eingegangen werden. Im Folgenden werden die klassischen Methoden des ITSM anhand der dadurch entstehenden Probleme vorgestellt. Mit agilen Methoden können die Probleme in ITSM-Projekten und im täglichen Geschäft behoben werden. Im letzten Abschnitt wird eine Kombination aus den aktuell geläufigen Methoden und neuen Entwicklungen beschrieben, mit der sich das ITSM optimal auf die geforderten Bedingungen einstellen kann.

Klassische Methoden des ITSM

Traditionelle ITSM-Methoden oder Frameworks sind COBIT, eTOM oder auch ITIL.[20] Besonders ITIL hat sich zu einem Standard in Unternehmen entwickelt und wurde aus diesem Grund als Basis für die klassischen Methoden ausgewählt.

Die klassischen ITSM-Methoden werden häufig als starre Regelwerke missverstanden. Bei der Entstehung des ITIL Frameworks bestand der

---

[19] Vgl. Riedel Siegfried, IT-Service-Management in Zeiten der Digitalisierung: Agilität als nächste Evolutionsstufe, 26.06.2017
[20] Vgl. Beims Martin, Agiles ITSM – klassische Methoden auf dem Abstellgleis?, 25.09.2018

Fokus in der Stabilität, statt der Geschwindigkeit. Heutzutage werden jedoch immer häufiger kürzere Innovationszyklen gefordert, wobei die IT-Services gleichzeitig stabil sein sollen.[21]

Ein Problem, beispielsweise bei der Einführung von ITSM nach klassischen Methoden, ist die Durchführung ähnlich dem Wasserfallmodell. Dabei wird der Return on Investment (ROI) erst spät im Projektverlauf realisiert. Im Projekt entstehende Fehlentwicklungen werden somit ebenfalls erst spät erkannt.[22]

Im täglichen Geschäft gilt der Service Desk – als eine Funktion im ITSM – als Single Point of Contact und hat einen auf den Erfolg des Unternehmens.[23] Fehlt hier die Kommunikation, Selbstorganisation und Transparenz kann das zu Problemen im Team führen[24]. Soll agil gearbeitet werden, müssen die Führungskräfte das Team selbstständig arbeiten und entscheiden lassen.[25]

Durch die agile Entwicklung entsteht somit der Druck auf das ITSM deutlich mehr und schnellere Changes durchzuführen, damit Lösungen möglichst schnell vom Kunden genutzt werden können.[26]

ITIL als Framework bietet für diese Anforderungen bisher keine Methoden, kann aber trotzdem durch die breite Palette an möglichen Lösungen zur Entwicklung von Leitplanken für ein agiles Handeln genutzt werden.[27]

---

[21] Vgl. Beims Martin, Agiles ITSM – klassische Methoden auf dem Abstellgleis?, 25.09.2018
[22] Vgl. Wauch Franziska, Meyer Sascha, Agilität im IT-Servicemanagement – Ansätze für flexible Stabilität, 2012, S. 89
[23] Vgl. Fuhrmann Dirk, Agilität im Service Management, 11.01.2019
[24] Vgl. Wauch Franziska, Meyer Sascha, Agilität im IT-Servicemanagement – Ansätze für flexible Stabilität, 2012, S. 91
[25] Vgl. Fuhrmann Dirk, Agilität im Service Management, 11.01.2019
[26] Vgl. Riedel Siegfried, IT-Service-Management in Zeiten der Digitalisierung: Agilität als nächste Evolutionsstufe, 26.06.2017
[27] Vgl. Beims Martin, Agiles ITSM – klassische Methoden auf dem Abstellgleis?, 25.09.2018

Die veränderten Anforderungen der Kunden und auch die veränderten Methoden stellen für das ITSM eine große Herausforderung dar.[28]

Das agile Manifest, welches im Bereich der Softwareentwicklung bekannt geworden ist, kann nicht ohne Veränderungen in anderen Bereichen übernommen werden. Die agilen Werte sollten stets für jede Organisation separat entwickelt werden. Für das ITSM können folgende Prinzipien für die Definition solcher Werte genutzt werden:[29]

- Fokus auf den unternehmerischen Nutzen

- Zusammenarbeit und Kommunikation

- Die vereinbarte Qualität ist nicht verhandelbar

Ein Beispielwert könnte „Freiräume für Kreativität und Engagement vor engen Handlungskorridoren" lauten.[30]

DevOps können beispielsweise eine Möglichkeit bieten, das ITSM um agile und schlanke Prinzipien zu erweitern. Dadurch würden die klassischen Ziele des ITSM durch die zeitgemäßen Prinzipien der DevOps modernisiert und eine reaktionsfähigere ITSM-Organisation entsteht.[31] Zum Thema DevOps in Abgrenzung zum agilen ITSM wird an dieser Stelle auf den Beitrag „ITSM mit DevOps" verwiesen.

---

[28] Vgl. Wauch Franziska, Meyer Sascha, Agilität im IT-Servicemanagement – Ansätze für flexible Stabilität, 2012, S. 87
[29] Vgl. Wauch Franziska, Meyer Sascha, Agilität im IT-Servicemanagement – Ansätze für flexible Stabilität, 2012, S. 88
[30] Vgl. Wauch Franziska, Meyer Sascha, Agilität im IT-Servicemanagement – Ansätze für flexible Stabilität, 2012, S. 88
[31] Vgl. Söllner Dierk, DevOps als Treiber für agiles und schlankes IT-Servicemanagement, 29.08.2017

Insgesamt reicht es jedoch nicht aus die Prinzipien der Agilität nur auf das ITSM anzuwenden. Die gesamte IT muss einen Wandel hin zur flexiblen, schnell anpassungsfähigen, initiativ und kundenorientiert geprägten Organisation vollziehen.[32]

Agile Frameworks wie Scrum oder Kanban bieten viele verschiedene Lösungen und Methoden zur agilen Projektsteuerung. Bei der Auswahl der agilen Methoden für diesen Beitrag wurde die Anwendbarkeit im ITSM als Hauptaspekt gewählt.

Das aus Scrum bekannte Backlog kann auch in agilen ITSM-Prozessmanagementprojekten angewendet werden. So werden in dem Backlog alle Prozessbeschreibungen strukturiert erfasst. Dieses bildet dann die Grundlage für die Projektdurchführung. Die Reihenfolge in den einzelnen Sprints richtet sich dabei nach der Priorität der einzelnen Prozesse. Das Ziel jedes einzelnen Sprints ist, z. B. die Bereitstellung eines potenziell operationalisierbaren Prozesses.[33]

Im täglichen Geschäft können Methoden, wie das *Timeboxing*, ein *Taskboard* oder *cross-functional teams* zu agilen Arbeitsweisen führen.[34] Im Folgenden wird kurz auf die einzelnen Methoden eingegangen.

Das *Timeboxing* ist eine Technik im Projektmanagement, welche dazu führt, dass der Umfang von Aufgaben flexibel an den zeitlichen Rah-

---

[32] Vgl. Riedel Siegfried, IT-Service-Management in Zeiten der Digitalisierung: Agilität als nächste Evolutionsstufe, 26.06.2017

[33] Vgl. Wauch Franziska, Meyer Sascha, Agilität im IT-Servicemanagement – Ansätze für flexible Stabilität, 2012, S. 90

[34] Vgl. Wauch Franziska, Meyer Sascha, Agilität im IT-Servicemanagement – Ansätze für flexible Stabilität, 2012, S. 92 & Sieber Robert, Mit 7 agile Praktiken das IT-Servicemanagement verändern, 2014

men angepasst werden muss. Dadurch wird eine Fokussierung auf die wichtigen und richtigen Tätigkeiten gefördert.[35]

Mit dem *Taskboard* wird die selten vorhandene Transparenz geschaffen. Dadurch wird schnell ersichtlich, welcher Kollege gerade an welcher Aufgabe arbeitet. Das Board wird entsprechend den spezifischen Arbeitsschritten organisiert, wobei eine Task z. B. ein Ticket, eine Aufgabe im Change oder ein Projekt darstellen kann.[36]

Cross-functional teams wurden im Scrum definiert und beschreiben eine Gruppe von einzelnen Experten, die für den Betrieb und die Weiterentwicklung bestimmter Services verantwortlich sind. Dadurch entstehen weniger Schnittstellen zu anderen Abteilungen und das Team kann autark agieren.[37]

Kombination von traditionellen und agilen Methoden

Agilität und ITSM mit dem ITIL Framework schließen sich nicht gegenseitig aus.[38] Die im Unternehmen eingeführten ITSM-Prozesse bilden aktuell das Rückgrat des IT-Betriebs und bleiben weiterhin wesentlich für die Serviceerbringung.[39] Die Best-Practice-Lösungen bieten einen erheblichen Mehrwert für die Organisation und können in der digitalisierten Unternehmenslandschaft einen Rahmen für die agile Welt und eine auf den Kunden ausgerichtete IT darstellen.[40]

---

[35] Vgl. Wauch Franziska, Meyer Sascha, Agilität im IT-Servicemanagement – Ansätze für flexible Stabilität, 2012, S. 92

[36] Vgl. Sieber Robert, Mit 7 agile Praktiken das IT-Servicemanagement verändern, 2014, S. 1

[37] Vgl. Sieber Robert, Mit 7 agile Praktiken das IT-Servicemanagement verändern, 2014, S. 3

[38] Vgl. o.V., Was ist Agile Servicemanagement?

[39] Vgl. Riedel Siegfried, IT-Service-Management in Zeiten der Digitalisierung: Agilität als nächste Evolutionsstufe, 26.06.2017

[40] Vgl. o.V., AGILITÄT HOCH IM KURS - ITSM-METHODEN AUF DEM PRÜFSTAND, 21.03.2018

Die trägen Organisationsverhältnisse, welche nicht auf den Kunden ausgerichtet sind, erschweren agile Vorgehensweise, so sollte bereits das Design von Services auf die Agilität angepasst werden.[41]

Insgesamt beschreibt die Agilität eine Vorgehensweise, bei der die alltäglichen Entscheidungen nach bestimmten Richtlinien getroffen werden. Jedoch wird dadurch nicht beschrieben, wie eine bestimmte Aufgabe zu erledigen ist. ITIL hingegen ist ein Framework, welches einen Rahmen für die Prozessabläufe im Unternehmen als Best-Practice beschreibt und damit dem Unternehmen eine Umsetzung ermöglicht.[42]

So kann abschließend gesagt werden, dass Agilität im ITSM nur zusammen mit schon bekannten Frameworks und Methoden erfolgreich umgesetzt werden kann.

Einsatzmöglichkeiten im Unternehmen

Wie bereits in den vorherigen Abschnitten erläutert, schließen sich die Nutzung von klassischen Methoden oder Frameworks, wie ITIL, und ein agiles Vorgehen nicht gegenseitig aus. Im Folgenden werden Möglichkeiten aufgezeigt, wie der Einsatz von agilen Methoden die Umsetzung von ITSM Projekten unterstützen kann.

Projekte zur Einführung von IT-Service-Management Prozessen werden häufig in Form von komplexen und großen Projekten aufgesetzt. Dabei erfolgt der Ablauf nach dem Wasserfallmodell, sodass zunächst eine umfangreiche Ist-Analyse durchgeführt wird, mit anschließender Soll-Konzeptionsphase (z.B. spezifiziertes ITIL-Modell). Anschließend wird das Ergebnis über die IT-Organisation ausgerollt. Die davon be-

---

[41] Vgl. Beims Martin, Agiles ITSM – klassische Methoden auf dem Abstellgleis?, 25.09.2018
[42] Vgl. o.V., Was ist Agile Servicemanagement?

troffenen Mitarbeiter werden in vielen Projekten wenig bis gar nicht in das Projekt eingebunden.[43]

Projekte dieser Art zur Einführung von Prozessen scheitern ebenso oft wie IT-Projekte. Gründe dafür sind vielfältig - beispielsweise zu lange Konzeptphasen, sodass die ermittelten Ist-Zustände bereits veraltet sind und daher die Grundlage für das Konzept nicht mehr gegeben ist. Oder die Organisation und die Mitarbeiter sind nicht auf so umfassende Änderungen an Prozessen und die damit verbundenen Auswirkungen vorbereitet und fühlen sich dadurch überrannt.[44]

Werden jedoch die agilen Grundideen bei der Umsetzung von IT-Service-Management Projekten berücksichtigt, so können auf Basis von Prozessarchitekturen, wie beispielsweise ITIL, phasenorientierte Modelle zur Prozessimplementierung oder -verbesserung durch ein iteratives Vorgehen ersetzt werden. Der tatsächlich notwendige Umfang der Veränderungen oder Optimierungen kann bei einem solchen agilen Vorgehen kontinuierlich erarbeitet werden.[45]

Ein solches iteratives Vorgehen kann beispielsweise nach dem folgenden Schema ablaufen. Dazu werden zunächst Prozesse auf Basis einer Prozessarchitektur (z.B. ITIL) definiert sowie priorisiert. Diese werden anschließend zerlegt und weiterentwickelt und die so ermittelten Arbeitspakete werden in Form von Process Stories abgebildet und in das Process Backlog übernommen. Die Aufgaben werden dann in Sprints bearbeitet, in denen jeweils die Schritte Analyse, Design und Test durchgeführt werden. Die so erarbeiteten Prozesse werden anschließend sukzessive implementiert und daraufhin Erfolge und Verbesserungs-

---

[43] Vgl. Meyer Sascha, Wauch Franziska, Wie viel Agilität verträgt ITSM? - Perspektiven agiler Methoden im IT Service Management, S. 14
[44] Vgl. Meyer Sascha, Wauch Franziska, Wie viel Agilität verträgt ITSM? - Perspektiven agiler Methoden im IT Service Management, S. 14
[45] Vgl. Meyer Sascha, Wauch Franziska, Wie viel Agilität verträgt ITSM? - Perspektiven agiler Methoden im IT Service Management, S. 14

möglichkeiten betrachtet. Diese können dann gegebenenfalls in den nächsten Iterationen berücksichtigt werden. Die einzelnen Iterationen unterliegen dabei Restriktionen wie Qualität, Ressourcen und Timeboxing.[46]

Des Weiteren können ITSM-Einführungen oder -Veränderungen einige Herausforderungen mit sich bringen, die mit Hilfe von agilen Methoden oder Techniken gemeistert werden können. Einige dieser Herausforderungen werden im Folgenden aufgelistet sowie entsprechende agile Lösungsansätze aufgezeigt.

- *Unklare Projektziele[47]:*

  Die Projektziele werden im agilen Projekt auf Basis der angestrebten Vision im Laufe des Projekts ermittelt und stetig weiterentwickelt beziehungsweise verfeinert. Die Vision entspricht dabei dem Grund für das Projekt. Innerhalb der Iterationen wird kontinuierlich das Feedback aus den Retroperspektiven verarbeitet sowie Fragen und Anregungen zu den Projektzielen innerhalb der Meetings besprochen, um sie im nächsten Sprint zu berücksichtigten.[48]

- *Unklare Unternehmensstrategie[49]:*

  Die Umsetzung des IT-Service-Managements basiert auf der Projektvision und wird daher an die Unternehmensstrategie angelehnt. Änderungen der Unternehmensstrategie und daraus

---

[46] Vgl. Meyer Sascha, Wauch Franziska, Wie viel Agilität verträgt ITSM? - Perspektiven agiler Methoden im IT Service Management, S. 14

[47] Vgl. Wan Jiangping, Zhu Shiqing, Wang Yunfeng, Empirical Analysis on Risk Factors of IT Service Management Project Implementation, S. 2

[48] Vgl. Pröhl Thorsten, Zarnekow Rüdiger, Agilität bei der Einführung von IT-Servicemanagement: Lösung klassischer Herausforderungen mit agilen Methoden, S. 15

[49] Vgl. Wan Jiangping, Zhu Shiqing, Wang Yunfeng, Empirical Analysis cn Risk Factors of IT Service Management Project Implementation, S. 2

folgende neue Anforderungen können in den nächsten Iterationen berücksichtigt werden, insbesondere wenn Repräsentanten der Unternehmensleitung in den agilen Prozess eingebunden werden, wie z.B. bei der Präsentation der Sprintergebnisse.[50]

- *Hohe Komplexität des Projektmanagements durch hohen Projektumfang[51]:*

Dieses Problem lässt sich bei dem agilen Vorgehen umgehen, indem Aufgaben immer nur für einen Sprint geplant werden. In diesem werden dann die einzelnen Produktinkremente hergestellt, u.a. Services, Prozesse oder Schnittstellen zu anderen Systemen. Die Reduzierung der Komplexität wird damit durch die Zerlegung des großen Ganzen in kleine Teilschritte erreicht.[52]

- *Prozesse sind nicht auf die Bedürfnisse des Unternehmens abgestimmt[53]:*

Nach der Erprobungsphase der umgesetzten Prozesse wird Feedback eingeholt und dieses in der nächsten Iteration eingearbeitet, um Prozesse, die nicht den Bedürfnissen des Unternehmens entsprechen, zu vermeiden. Der Product Owner übernimmt dabei die Aufnahme und Priorisierung der erforderlichen Änderungen.[54]

---

[50] Vgl. Pröhl Thorsten, Zarnekow Rüdiger, Agilität bei der Einführung von IT-Servicemanagement: Lösung klassischer Herausforderungen mit agilen Methoden, S. 15

[51] Vgl. Wan Jiangping, Zhu Shiqing, Wang Yunfeng, Empirical Analysis on Risk Factors of IT Service Management Project Implementation, S. 2

[52] Vgl. Pröhl Thorsten, Zarnekow Rüdiger, Agilität bei der Einführung von IT-Servicemanagement: Lösung klassischer Herausforderungen mit agilen Methoden, S. 16

[53] Vgl. Wan Jiangping, Zhu Shiqing, Wang Yunfeng, Empirical Analysis on Risk Factors of IT Service Management Project Implementation, S. 2

[54] Vgl. Pröhl Thorsten, Zarnekow Rüdiger, Agilität bei der Einführung von IT-Servicemanagement: Lösung klassischer Herausforderungen mit agilen Methoden, S. 14

- *Regelmäßige Änderung der Kundenanforderungen[55]:*

Auf Änderungen von Kundenanforderungen kann nach einem Sprint reagiert werden. Dazu werden die neuen Anforderungen in Form von User Stories, die entsprechend priorisiert sind und das verfolgte Ziel beschreiben, dargestellt und im Product Backlog verwaltet. Anschließend können diese im Rahmen eines Sprint Planning Meetings gegebenenfalls eingeplant werden, um sie daraufhin im nächsten Sprint umzusetzen.[56]

- *Keine (passende) Integration bestehender Prozesse[57]:*

Abhängigkeiten zu bestehenden Prozessen sollen mit Hilfe von prototypischen Implementierungen von Prozessen oder durch Paper Prototyping frühestmöglich aufgezeigt werden[58]. Jedoch können diese auch im weiteren Projektverlauf noch nachträglich in das Product Backlog aufgenommen und später in den jeweiligen Sprints eingeplant werden.

- *Hohe Einführungskosten oder mangelnde finanzielle Unterstützung[59]:*

Die Kosten eines agilen Projektes sind über die Projektlaufzeit 'konstant' beziehungsweise ergeben sich durch das am Projekt arbeitende Team. Dabei entstehen bei jedem Sprint funktionierende Prozesse, bei denen eine Maximierung des Kundennutzens im Vordergrund steht. Dies erfolgt durch eine priorisierte

---

[55] Vgl. Wan Jiangping, Zhu Shiqing, Wang Yunfeng, Empirical Analysis cn Risk Factors of IT Service Management Project Implementation, S. 2

[56] Vgl. Pröhl Thorsten, Zarnekow Rüdiger, Agilität bei der Einführung von IT-Servicemanagement: Lösung klassischer Herausforderungen mit agilen Methoden, S. 15

[57] Vgl. Tang Xiaojun, Todo Yuki, A Study of Service Desk Setup in Implementing IT Service Management in Enterprises, S. 190

[58] Vgl. Pröhl Thorsten, Zarnekow Rüdiger, Agilität bei der Einführung von IT-Servicemanagement: Lösung klassischer Herausforderungen mit agilen Methoden, S. 12

[59] Vgl. Marrone Mauricio, Kolbe Lutz M., Impact of IT Service Management Frameworks on the IT Organization, S. 8

Umsetzung des Backlogs sowie durch die Berücksichtigung von Feedback zur stetigen Verbesserung. Aus diesem Grund fallen bei dem fertigen ITSM-System keine Folgekosten durch notwendige Änderungsprojekte mehr an, da bereits rechtzeitig auf Feedback reagiert wurde.[60]

- *Mangelnde oder unwirksame Kommunikation zwischen den involvierten Parteien sowie unklare Definition von Verantwortlichkeiten[61]:*

  In agilen Projekten ist die Kommunikation von fundamentaler Bedeutung. Daher werden regelmäßig stattfindende Meetings durchgeführt, wie Daily Scrum oder Sprint Retroperspektiven, um die Kommunikation über den gesamten Projektzeitraum aufrecht zu erhalten. Ebenso werden die Verantwortlichkeiten in den verschiedenen Rollen wie Scrum Master, Product-Owner oder Projektteam definiert.[62]

- *Unterschiedliche Auffassung von Service Levels zwischen Kunden und Unternehmen[63]:*

  Service Level werden zunächst prototypisch erzeugt und anschließend mit dem Kunden verprobt - ohne Folgestrafen bei Nichteinhaltung. Die dabei entstehenden Erfahrungen werden offen zwischen Unternehmen und Kunden diskutiert und darauf aufbauend die entscheidenden Parameter ermittelt, wie z.B. Verfügbarkeit, Kapazität oder Supportbereitschaft. Auf diesen

---

[60] Vgl. Pröhl Thorsten, Zarnekow Rüdiger, Agilität bei der Einführung von IT-Servicemanagement: Lösung klassischer Herausforderungen mit agilen Methoden, S. 13
[61] Vgl. Wan Jiangping, Zhu Shiqing, Wang Yunfeng, Empirical Analysis on Risk Factors of IT Service Management Project Implementation, S. 2
[62] Vgl. Pröhl Thorsten, Zarnekow Rüdiger, Agilität bei der Einführung von IT-Servicemanagement: Lösung klassischer Herausforderungen mit agilen Methoden, S. 13
[63] Vgl. Wan Jiangping, Zhu Shiqing, Wang Yunfeng, Empirical Analysis on Risk Factors of IT Service Management Project Implementation, S. 2

Ergebnissen werden dann die eigentlichen Service Level Agreements aufgesetzt.[64]

- *Organisatorischer oder kultureller Widerstand gegenüber Veränderungen*[65]:

  Widerstände gegenüber Veränderungen können mit Hilfe schneller Ergebnisse durch die Sprintinkremente abgebaut werden, da so der Nutzen schnell sichtbar gemacht wird. Darüber hinaus werden alle notwendigen Stakeholder eingebunden und das Feedback im Verlauf des Projektes direkt berücksichtigt. Der Scrum Master ist dabei für die Beseitigung von Hürden sowie für die Sicherstellung der Kommunikation untereinander zuständig. So sollen alle notwendigen Mitarbeiter in das Projekt eingebunden werden, um schließlich eine Kultur der Veränderung zu erreichen.[66]

Neben den bereits dargestellten agilen Ansätzen im Prozessmanagement sollen auch die Vorteile von agilen Methoden innerhalb der Prozesse beziehungsweise im Tagesgeschäft betrachtet werden. Kanban-Boards stellen beispielsweise die Aufgaben und Engpässen beim Request Fulfillment, Change und Release Management dar. Ebenso können die bereits im vorherigen Abschnitt vorgestellten Techniken, wie z.B.: Timeboxing oder Backlogs, verwendet werden. Zudem können Entscheidungen beispielsweise im Change-Prozess nach dem 'Last Responsible Moment' durchgeführt werden. Bei diesem Vorgehen werden Entscheidungen im spätesten Moment getroffen werden, sodass die

---

[64] vgl. Pröhl Thorsten, Zarnekow Rüdiger, Agilität bei der Einführung von IT-Servicemanagement: Lösung klassischer Herausforderungen mit agilen Methoden, S. 13

[65] Vgl. Marrone Mauricio, Kolbe Lutz M., Impact of IT Service Management Frameworks on the IT Organization, S. 8

[66] Vgl. Pröhl Thorsten, Zarnekow Rüdiger, Agilität bei der Einführung von IT-Servicemanagement: Lösung klassischer Herausforderungen mit agilen Methoden, S. 14

Umsetzung direkt erfolgen kann und die Kosten einer Verzögerung höher als der Nutzen der Umsetzung wären.[67]

Insgesamt gilt es zu beachten, dass der Einsatz von agilen Werkzeugen bei ITSM-Projekten oder im Tagesgeschäft nur Vorteile generiert, wenn ein Hinterfragen und Umdenken von etablierten Best Practices stattfindet. Die Anwendung von agilen Methoden ermöglicht es generell die Komplexität im ITSM-Bereich leichter zu handhaben.[68]

Fazit und Ausblick

Fazit

Die Rahmenbedingungen haben sich im Laufe der Zeit stark verändert. Durch die Digitalisierung entstehen u. A. neue IT-Lösungen und Technologien, die für Unternehmen zunehmend an Bedeutung gewinnen. Jedoch haben viele Unternehmen noch starre Prozesse, lange Entwicklungszyklen und bürokratische Services und Vorgehensweisen. Unternehmen müssen sich dem Wandel stellen und somit flexibler, anpassungsfähiger und kundenorientierter werden. Durch eine agile Vorgehensweise kann den Herausforderungen und der zunehmenden Komplexität entgegengewirkt werden. Neben dem Einsatz von agilen Projektmanagementmethoden müssen Unternehmensprozesse das agile Stadium erreichen und die gesamte Unternehmenskultur muss sich anpassen.

Verschlankte Prozesse, kurze Entwicklungszyklen und die adäquate Reaktion auf veränderte Kunden- und Marktanforderungen sind Ziele

---

[67] Vgl. Meyer Sascha, Wauch Franziska, Wie viel Agilität verträgt ITSM? - Perspektiven agiler Methoden im IT Service Management, S. 16
[68] Vgl. Meyer Sascha, Wauch Franziska, Wie viel Agilität verträgt ITSM? - Perspektiven agiler Methoden im IT Service Management, S. 16

des IT-Service Managements, die mit Hilfe agiler Methoden erreicht werden sollen. Standardmäßige Methoden werden zukünftig nicht ersetzt, sondern in Kombination mit agilen Frameworks und Vorgehensweisen erweitert.

In Unternehmen werden Prozesse in Form von ITSM-Projekten eingeführt. Durch agile Methoden sollen vorstellbaren Problematiken, wie unklaren Projektzielen, stetigen Änderungen der Kundenanforderungen und/oder einem zu hohen Projektumfang entgegengewirkt werden. Die mögliche Komplexität des Projektmanagements soll so minimiert werden. Die frühzeitige Kommunikation mit Anwendern, wie z. B. Mitarbeitern, erleichtert den Umgang mit den bevorstehenden Veränderungen innerhalb eines Prozesses.

Wird die Prozesseinführung in kleinen Iterationen durchgeführt, kann den beschriebenen Problemen vorgegriffen werden und die Komplexität des Projektes wird gering und übersichtlich gehalten.

Ausblick

ITIL wird standardmäßig in vielen Unternehmen eingesetzt und wird dieses Jahr, zum ersten Mal seit 2011, im Hinblick auf die Herausforderungen durch neue Technologien und digitale Service mit den Themen IT-Sicherheit, Automatisierung, Einführung und Anwendung von Agilen und Lean Methoden sowie DevOps im Service Management aktualisiert.[69]

Eine Technologie, die durch die Digitalisierung immer mehr an Bedeutung gewinnt und Einzug in das IT-Service Management erhält, ist die künstliche Intelligenz (KI). Der Einsatz von künstlicher Intelligenz im Service Management wird zukünftig vielen Unternehmen helfen Kosten

---

[69] Vgl. Dierlamm Jürgen: ITIL Version 4 ist auf dem Weg

einzusparen, IT-Prozesse – wie die Bearbeitung von Vorfällen und An-
fragen – zu automatisieren und das Anwendererlebnis zu verbessern.
Neben Chatbots, die den First Level Support übernehmen, sind auch
Self-Service Portale mit einer hinterlegten Wissensdatenbank und einer
Echtzeit-Suche, die durch die Eingabe von Schlagworten automatisch
Lösungsvorschläge bietet, Teil der neuen Technologie. Mit der Robotic
Process Automation (RPA) wird die Automatisierung von Aufgaben,
wie z. B. Erneuerung von Zugriffsrechten oder Genehmigung von Service Request, auf Basis vorheriger Entscheidungen verstanden. Diese
Genehmigungen erfolgen, wenn die KI einen vordefinierten Wahr-
scheinlichkeitsbereich erreicht. All diese Technologien werden unter
dem Trend AIOps (Artificial Intelligence for IT Operations) festgehalten.[70]

---

[70] Vgl. Schneider Peter, Ostler Ulrike: Künstliche Intelligenz hält im IT Service Management
Einzug.

Verwendete und weiterführende Literatur

Andenmatten Martin: *AGILE ITSM IST KEINE RECHTFERTIGUNG FÜR DAS CHAOS*, 29.06.2014, URL: https://blog.itil.org/2014/06/allgemein/agile-itsm-ist-keine-rechtfertigung-fuer-das-chaos/, abgerufen am 14.02.2019,

Andenmatten Martin: *AGILE SERVICE MANAGEMENT*, 06.03.2016, URL: https://blog.itil.org/2016/03/kategorie-liste-home/itil/agile-service-management/, abgerufen am 13.02.2019,

Beck Kent et al.: *Manifest für Agile Softwareentwicklung*. 2001. URL: http://agilemanifesto.org/ abgerufen am 08.02.2019

Beims Martin, Agiles ITSM – klassische Methoden auf dem Abstellgleis? 25.09.2018, URL: https://www.estrategy-magazin.de/2018/agiles-itsm-klassische-methoden-auf-dem-abstellgleis.html, abgerufen am 14.02.2019,

Bendel Oliver: Stichwort „Agilität" im Gabler Wirtschaftslexikon. URL: https://wirtschaftslexikon.gabler.de/definition/agilitaet-99882 abgerufen am 08.02.2019

Dierlamm Jürgen: *ITIL Version 4 ist auf dem Weg* auf itsmf.de. 2018. URL: https://www.itsmf.de/services/itsm-itil/itil-version-4.html, abgerufen am 14.02.2019

Dudenredaktion (o. J.): „agil" auf Duden online. URL: https://www.duden.de/rechtschreibung/agil, abgerufen am 08.02.2019

Fischer Stephan, Weber Sabrina, Zimmermann Annegret: *Was ist Agilität und welche Vorteile bringt eine agile Organisation?* auf Haufe.de: 2017. URL: https://www.haufe.de/personal/hr-management/agilitaet-definition-und-verstaendnis-in-der-praxis_80_405804.html abgerufen am 08.02.2019

Fuhrmann Dirk, Agilität im Service Management, 11.01.2019, abgerufen am 14.02.2019, https://itelligencegroup.com/de/local-blog/agiles-service-management-agilitaet-im-service-management/

Groll Jayne: *The Agile Service Management Guide* auf DevOps Institute. URL: https://devopsinstitute.com/resources/agile-service-management-guide/ abgerufen am 08.02.2019

Hanschke Inge, *Strategisches Management der IT-Landschaft*. 3. Auflage, Carl Hanser Verlag | München: 2013.

Hochschule Pforzheim: Institut für Personalforschung (IfP): *Auf dem Weg zur agilen Organisation*, Pforzheim: 2016. URL: https://www.hs-pforzheim.de/forschung/institute/institut_fuer_personalforschung_ifp/abgeschlossene_projekte/auf_dem_weg_zur_agilen_organisation/ abgerufen am 08.02.2019

Lichtenberger Alex: INTEGRATING AGILE AND ITSM, 4. Juli 2014, URL: https://blog.itil.org/2014/07/allgemein/integrating-agile-and-itsm/, abgerufen am 15.02.2018

Marrone Mauricio, Kolbe Lutz M., Impact of IT Service Management Frameworks on the IT Organization. 2011. http://dx.doi.org/10.1007/s12599-010-0141-5. – DOI 10.1007/s12599–010–0141–5. – ISSN 1867–0202

Meyer Sascha, Wauch Franziska, Wie viel Agilität verträgt ITSM? - Perspektiven agiler Methoden im IT Service Management. In: itSM-Zeitschrift Heft. 23, 2013, S. 13–16

o.V., AGILITÄT HOCH IM KURS - ITSM-METHODEN AUF DEM PRÜFSTAND, 21.03.2018, abgerufen am 14.02.2019, https://www.it-daily.net/it-management/system-service-management/18229-agilitaet-hoch-im-kurs-itsm-methoden-auf-dem-pruefstand

o.V., Was ist Agile Servicemanagement?, abgerufen am 14.02.2019, https://www.topdesk.com/de/glossar/was-ist-agile-service-management/

Pröhl Thorsten, Zarnekow Rüdiger, Agilität bei der Einführung von IT-Service-Management: Lösung klassischer Herausforderungen mit agilen Methoden. HMD Praxis der Wirtschaftsinformatik (2019). http://dx.doi.org/10.1365/s40702-019-00498-6. – DOI 10.1365/s40702–019–00498–6. – ISSN 2198–2775

Riedel Siegfried, IT-Service-Management in Zeiten der Digitalisierung: Agilität als nächste Evolutionsstufe, 26.06.2017, abgerufen am 14.02.2019, https://www.computerwoche.de/a/agilitaet-als-naechste-evolutionsstufe,3330902

Schneider Peter, Ostler Ulrike: *ITSM-Evolution statt -Revolution: Künstliche Intelligenz hält im IT Service Management Einzug* auf Datacenter-insider.de. 2018. URL: https://www.datacenter-insider.de/kuenstliche-intelligenz-haelt-im-it-service-management-einzug-a-745300/ abgerufen am 14.02.2019

Schwetz Consulting, Studie ITIL-Einsatz in deutschen Unternehmen – mit ITIL den besten IT-Prozessen auf der Spur, 2004, abgerufen am 25.02.2019, https://www.pressebox.de/inaktiv/schwetz-consulting/Studie-ITIL-Einsatz-in-deutschen-Unternehmen-Mit-ITIL-den-besten-IT-Prozessen-auf-der-Spur/boxid/21596

Sieber Robert, Mit 7 agile Praktiken das IT-Service-Management verändern, 2014, abgerufen am 14.02.2019, https://different-thinking.de/blog/wp-content/uploads/2014/10/7-agile-Praktiken-ITSM.pdf

Söllner Dierk, DevOps als Treiber für agiles und schlankes IT-Service-Management, 29.08.2017, abgerufen am 14.02.2019, https://www.informatik-aktuell.de/management-und-recht/projektmanagement/devops-als-treiber-fuer-agiles-und-schlankes-IT-Service-Management.html

Tang Xiaojun, Todo Yuki, A Study of Service Desk Setup in Implementing IT Service Management in Enterprises. In: Technology and Investment (2013), S. 190–196. http://dx.doi.org/10.4236/ti.2013.43022. – DOI 10.4236/ti.2013.43022

Wan Jiangping, Zhu Shiqing, Wang Yunfeng: Empirical Analysis on Risk Factors of IT Service Management Project Implementation. In: 2008 4th International Conference on Wireless Communications, Networking and Mobile Computing, 2008. – ISSN 2161–9646, S. 1–4

Wauch Franziska, Meyer Sascha, Agilität im IT-Service-Management – Ansätze für flexible Stabilität, HMD – Praxis der Wirtschaftsinformatik, Heft 288, 2012, S. 87-93

ITSM mit DevOps

Autoren: Nikolai Del, Theresa Lampe, Helge Schakau, Michael Taylor

Agile Ansätze haben das Vorgehen in der Softwareentwicklung in den letzten Jahren stark geprägt. Durch Methoden wie Extreme Programming (XP) oder Scrum wurden durch iterative und inkrementelle Vorgehensweisen Entwicklungszeiten verkürzt und die Flexibilität für schnelle Anpassungen ohne eine einhergehende Erhöhung des Fehlerrisikos gesteigert. DevOps ist ein noch recht junger Ansatz, der es ermöglicht, agile Prinzipien auch im Betrieb einzusetzen. Damit werden diese Prinzipien auf den kompletten Produkt- bzw. Service-Lebenszyklus übertragen. Für das IT-Service-Management bietet sich die Möglichkeit mittels DevOps von agilen Ansätzen zu profitieren.[1]

DevOps – Einführung und Beschreibung

Das Kunstwort DevOps setzt sich aus den Verkürzungen der englischen Begriffe *Development* (Entwicklung) und *Operations* (Betrieb) zusammen. Diese beiden Organisationseinheiten im IT-Betrieb sind in traditionell-funktionalen Organisationen klassischerweise getrennt und arbeiten mit unterschiedlichen Zielsetzungen. Während erste Ideen zu DevOps im Jahr 2008 noch unter der Bezeichnung *Agile System Administration* gesammelt wurden, entstand der Begriff *DevOps* in Folge der Konferenz *DevOpsDays* in Gent/Belgien im Jahr 2009, nachdem sich auf Twitter das Hashtag #devops etabliert hatte.[2]

Das Ziel von DevOps ist die Steigerung der Produktivität von Projektteams, um auf diese Weise die Time-to-Market zu verringern. Die Ti-

---

[1] Vgl. Alt, Rainer et al., Innovationsorientiertes IT-Management mit DevOps. S. 21
[2] Vgl. ebd., S. 23

me-to-Market bezeichnet dabei die Zeit, die zwischen dem Entwurf und der Veröffentlichung eines neuen Features eines Software-Produkts vergeht. Diese kontinuierliche Softwarebereitstellung soll sichergestellt werden, um dadurch schneller auf Marktveränderungen reagieren zu können und Kundenanforderungen besser gerecht zu werden.

DASA Prinzipien und Einordnung in ITSM

Um DevOps aus der Sicht des IT-Service-Managements zu betrachten, soll in den folgenden Ausführungen zunächst auf die sechs, von der DevOps Agile Skills Association (DASA) aufgestellten, Prinzipien eingegangen werden. Diese Vorgehensweise wird gewählt, da es sehr viele unterschiedliche Definitionen zu DevOps gibt und durch diese DASA-Prinzipien eine gute Grundlage geschaffen wurde, die es IT-Organisationen ermöglicht, sich in Richtung DevOps zu entwickeln.[3] Bei DASA handelt es sich um eine unabhängige und offene, von Mitgliedern getragene Vereinigung, die die Entwicklung von DevOps-Trainings und Zertifizierungen auf dem Weltmarkt unterstützt. Anhand der einzelnen Prinzipien soll eine Einordnung in ITSM erfolgen.[4]

Prinzip 1: Customer-Centric Action

Heutzutage ist es unerlässlich, kurze Feedbackschleifen mit tatsächlichen Kunden und Endanwendern zu haben. Außerdem müssen sich alle Aktivitäten der Serviceerbringung auf diese Kunden konzentrieren. Um die Anforderungen der Kunden erfüllen zu können, müssen DevOps-Organisationen den Mut aufbringen, genauso flexibel wie junge Start-Ups zu agieren, um sich immer wieder neu zu erfinden und schnell auf veränderte Einflüsse zu reagieren. Dadurch wird ein Höchstmaß an Kundenzufriedenheit erreicht.

---

[3] Vgl. DevOps Agile Skills Association, DASA DevOps Principles.
[4] Vgl. Söllner, Dierk. DevOps als Treiber für agiles und schlankes IT-Servicemanagement.

Das IT-Service-Management stellt Kunden bzw. Anwender mit Frameworks wie ITIL mit einer klaren Serviceorientierung bereits in den Mittelpunkt. Dennoch geht der DevOps-Ansatz noch einen Schritt weiter. Da den Teams in DevOps die Verantwortung über einen Service vollumfänglich übertragen wird, wird auch die Organisation entsprechend gestaltet, sodass Kundenfeedback viel intensiver eingeholt und verarbeitet werden kann. Ein Service Owner in ITSM Organisationen hat in der Regel nicht ausreichend Mittel zur Verfügung, um Kundenwünsche direkt umzusetzen. DevOps schafft an dieser Stelle mit seinen Business-Service-Teams Abhilfe, indem diese Teams auf einen bestimmten Service bzw. ein Produkt ausgerichtet sind.

Prinzip 2: Create with the End in Mind

Das Prinzip 2 besagt, dass sich Unternehmen von Wasserfall- und prozessorientierten Modellen mit individuellen Rollen und Funktionen lösen und sich in produktorientierte Organisationen verwandeln müssen. Sie müssen als Produktfirmen agieren, die sich explizit auf die Entwicklung funktionierender Produkte konzentrieren, die an Kunden ausgeliefert werden. Alle Mitarbeiter müssen die technische Denkweise teilen, die tatsächlich erforderlich ist, um sich diese Produkte vorzustellen und sie zu realisieren.

Die Prozessorganisation im ITSM ist durch Arbeitsteilung und Fokussierung auf Aktivitäten recht starr gehalten. So verfolgen Prozessteilnehmer nicht selten eigene Ziele und sind eher daran interessiert, die eigenen Prozessschritte auszuführen, als dass sie das große Ganze im Auge behalten. Diese Vorgehensweise ist einer hohen Kundenzufriedenheit nicht zuträglich. In IT-Organisation, die sich nach DevOps ausrichten, verschiebt sich der Fokus von Projekten auf Produkte. Teams, die ein Produkt entwickelt haben, sind gleichzeitig auch für den Betrieb verantwortlich.

Prinzip 3: End-to-End Responsibility

Teams in einer DevOps-Umgebung sind so organisiert, dass sie vom Konzept bis ins Detail voll verantwortlich sind. Damit wird die traditionelle Trennung von Entwicklung und Betrieb zugunsten von voll verantwortlichen Teams verändert.

Während im IT-Service-Management diese Aktivitäten in Prozesse und Abteilungen aufgeteilt werden und damit auch die Verantwortung aufgesplittet wird, werden in DevOps Aktivitäten und Verantwortung in einem Service-Team zusammengeführt. IT-Produkte oder -Dienstleistungen, die von diesen Teams erstellt und bereitgestellt werden, liegen weiterhin in der Verantwortung dieser stabilen Gruppen. Diese Teams bieten auch Leistungsunterstützung bis zum Ende der Lebensdauer, was das Verantwortungsniveau und die Qualität der entwickelten Produkte erheblich erhöht.

Prinzip 4: Cross-Functional Autonomous Teams

In Produktorganisationen mit voll verantwortlichen Teams, müssen diese Teams während des gesamten Lebenszyklus völlig unabhängig sein, da nur diese Teams für das jeweilige Produkt beziehungsweise dem Service verantwortlich sein sollen. Das erfordert ein ausgewogenes Kompetenzspektrum und unterstreicht auch den Bedarf an Teammitgliedern mit Allround-Profilen anstelle von IT-Spezialisten der „alten Schule", die nur über spezielle Kenntnisse oder Fähigkeiten wie zum Beispiel in den Bereichen Testen, Anforderungsanalyse oder Programmierung verfügen. Damit geht DevOps den Weg agiler Ansätze und noch einen Schritt weiter. Cross-funktionale und autonome Teams sind eine Weiterentwicklung der agilen Ansätze.

Der Wandel der Anforderungen an die Mitarbeiter ist bereits im ITSM bekannt. Tatsächlich sorgt dieses Prinzip für Schwierigkeiten in der Praxis, da Mitarbeiter sich noch stärker wandeln müssen. Das heißt, dass durch eine ausgiebige Personal- und Organisationentwicklung auch bestehendes Personal befähigt wird. Dazu können Workshops und Weiterbildungen eingesetzt werden. ITSM hat bereits für Erfahrungen in der Prozess- und Serviceorientierung gesorgt. Diese Erfahrungen gilt es in DevOps auf die Team- und Kundenorientierung auszuweiten.

Prinzip 5: Continuous Improvement

Unternehmen müssen sich kontinuierlich an veränderte Rahmenbedingungen anpassen. Dabei kann es sich um Kundenbedürfnisse, Gesetzesänderungen oder neue Technologien handeln. Aus diesem Grund wird in einer DevOps-Kultur ein starker Fokus auf die kontinuierliche Verbesserung gelegt. DevOps vermeidet durch den Einsatz von Lean Management Verschwendung und optimiert Geschwindigkeit, Kosten und Lieferfähigkeit. Dadurch soll eine kontinuierliche Verbesserung der Produkte bzw. Services erreicht werden. Zu dieser kontinuierlichen Verbesserung gehört auch eine neue Fehlerkultur. Experimentieren ist erwünscht und stellt eine wichtige Aktivität dar. So soll aus Misserfolgen gelernt werden.

Auch IT-Service-Management geht beispielsweise mit ITIL und dem darin enthaltenen Prinzip des Lebenszyklus den Ansatz der kontinuierlichen Verbesserung. Allerdings kann dieser Ansatz durch DevOps und die agilen Prinzipien weiter vertieft werden. Durch Daily Stand-Ups oder Retrospektiven können klassische Ansätze erweitert werden.

Prinzip 6: Automate Everything You Can

Um eine Kultur der kontinuierlichen Verbesserung mit hohen Zyklusraten einzuführen und eine IT-Organisation zu schaffen, die sofortiges Feedback von Endanwendern oder Kunden erhält, müssen Verschwendungen vermieden werden. Dabei bezieht sich die Automatisierung nicht bloß auf den Softwareentwicklungsprozess, sondern auch auf die gesamte Infrastrukturlandschaft. Durch den Aufbau von Container-basierten Cloud-Plattformen der nächsten Generation, die es ermöglichen, die Infrastruktur zu versionieren und auch als Code zu behandeln, ist der Begriff *Infrastructure as Code* entstanden.

Da dieses Prinzip die Lebenszyklusphase Service Transition aktiv unterstützt und einbezieht, entstehen für das IT-Service-Management positive Effekte. Bezüglich der Automatisierung sind viele Möglichkeiten vorstellbar. Die einfachere Aktualisierung des Configuration Management Systems oder eine bessere Unterstützung des Release-Managements sind Beispiele für mögliche Ansatzpunkte.

Phasen in DevOps

Generell gibt es nicht den einen fest definierten Prozess beim Vorgehen bzw. Arbeiten nach DevOps. Der Prozess wird je nach Quelle unterschiedlich beschrieben und kann auch unterschiedliche Elemente bzw. Prozess-Schritte enthalten. In diesem Teil des Kapitels soll nun auf die Unterschiede und Gemeinsamkeiten verschiedener Interpretationen des DevOps-Prozesses eingegangen werden.

Als kultureller Ansatz gibt DevOps weder einen Prozess noch Tools vor, die verwendet werden sollen. Vielmehr steht die Zusammenarbeit zwischen der Entwicklung und dem Betrieb im Fokus. Aus diesem Grund gibt es aktuell weder formulierte Standards noch bestehende Frameworks, die die Arbeit nach diesem Ansatz lenken sollen. Momentan liegen lediglich erste Reifegradmodelle und High-Level Prozessbeschreibungen vor.[5]

Im folgenden Abschnitt wird auf die verschiedenen Phasen eines High-Level DevOps-Prozesses erläuternd eingegangen. Anschließend wird eine davon abweichende Darstellung der Prozessphasen, wie sie der

---

[5] Vgl. Koç, Eyup. Continous Delivery, DevOps und die Auswirkungen auf die IT-Governance. S.62

Anbieter für Softwareentwicklungs- und Kollaborations-Tools *Atlassian* beschreibt, vorgenommen.[6]

Allgemeine Phasen in DevOps

In Abbildung 29sind unterschiedliche Phasen mit ihren jeweiligen Zusammenhängen in einem übergeordneten DevOps-Prozess zu sehen. Im Einzelnen lauten die Phasen *Plan*, *Code*, *Build*, *Test*, *Release*, *Deploy*, *Operate* und *Monitor*. Dabei zeigen die dunklen Pfeile den Entwicklungsprozess (Development) und die hellen Pfeile bilden den Arbeitsprozess (Operations) ab. Beide Elemente vereinen den methodischen Kern des DevOps-Ansatzes. Die folgenden Ausführungen basieren zum größten Teil auf der Darstellung des DevOps-Prozesses in ITpedia.[7]

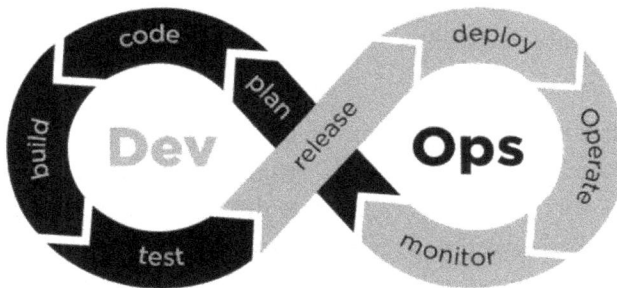

Abbildung 29: DevOps-Phasen und deren jeweiliger Zusammenhang8

Mit Hilfe dieser Darstellung (vgl. Abbildung 29) des DevOps-Ansatzes sollen Best Practices strukturiert klassifiziert und ausgetauscht werden. Eine Formalisierung des Ansatzes soll damit gerade nicht erfolgen. Ferner wird dadurch erreicht, dass das Konstrukt DevOps zum besseren

---

[6] Vgl. Atlassian. Tools für Teams, ob Start-up oder etabliertes Großunternehmen.

[7] Vgl. ITpedia. DevOps-Prozess.

[8] Vgl. Contegix. DevOps Part 1: It's More Than Teams.

Verständnis definiert werden kann. Sowohl der Development- als auch der Operations-Prozess bestehen aus einer Reihe von einzelnen Prozessschritten. Es sind immer wiederkehrende Schritte, die stets dazu dienen, die gleichen Ziele zu verfolgen. Insgesamt gilt es dabei zu beachten, dass diese beiden Prozesse sequenziell aufgebaut sind. Dennoch sind auch Rückkopplungsschleifen eingebaut. So ist es zum Beispiel möglich, dass während des Testprozesses der Code-Prozess ausgelöst werden kann, um in der Testphase erkannte Fehler im Code korrigieren zu können. Ferner sind die Prozesse breiter und umfassender angelegt, als der angegebene Aufgabenbereich, sodass zum Beispiel der Überwachungsprozess auch die Überwachung des gesamten DevOps-Prozesses beinhaltet.[9]

Die einzelnen Phasen des DevOps-Ansatzes *Plan*, *Code*, *Build*, *Test*, *Release*, *Deploy*, *Operate* und *Monitor* werden nachfolgend im Hinblick auf ihren Zweck, ihren Leistungen und den möglichen Ergebnissen erläutert.

Der Prozessabschnitt *Plan* dient dem Zweck der Definition des Geschäftsfalls und wie die genaue Herangehensweise an diesen ablaufen soll. Dabei wird ebenfalls erfasst, wie die Road-Map aussieht und was die beste Vorgehensweise in Hinblick auf die Realisierung des Ziels ist. Am Ende dieser Phase sollen dann Ergebnisse, wie die ermittelten Stakeholder, das zugrunde gelegte Geschäftsmodell oder die Etablierung der Roadmap, stehen. Ebenfalls steht am Ende dieser Phase fest, ob ein Wasserfall-Projekt vorliegt und somit ein anderer Ansatz gewählt wird oder ein DevOps-Ansatz, bei welchem der Service inkrementell iterativ erstellt wird.

In der nächsten Phase *Code* werden die zuvor geplanten Funktionen und Softwarebausteine der Roadmap entwickelt und umgesetzt. Hierzu

---

[9] Vgl. ITpedia. DevOps-Prozess.

gehören sowohl die Anwendungs- als auch die Infrastrukturkomponenten, die zur Ausführung des erstellten Codes benötigt werden. Je nach verwendetem Vorgehensmodell kann diese Phase bereits das Schreiben erster Unittests und Integrationstests beinhalten, wie es bei TDD (Test Driven Development) der Fall ist.

Die *Build*-Phase dient der Umwandlung des Quellcodes in eine vollständige, eigenständig lauffähige Software. Der Prozess beinhaltet, sofern es von der Programmiersprache verlangt wird, das Kompilieren der Quelldateien. Ebenfalls umfasst er häufig das Durchführen sämtlicher Unit- und Integrationstests und gegebenenfalls das Installieren der Software in der Testumgebung.

In der *Test*-Phase sollen Integrationstests und Systemtests durchgeführt werden. Diese werden insbesondere unter Verwendung von diversen Quellcode- und Infrastruktur-Skripten in der Phase ausgeführt. Ein mögliches Ergebnis kann daher lauten, dass der Service den technischen Anforderungen entspricht oder dass die System- und Integrationstests erfolgreich ausgeführt worden sind. Die nächsten Phasen können erst nach einem erfolgreichen Durchlauf sämtlicher Tests anlaufen. Solange der Code nicht fehlerfrei läuft, werden die vorherigen Phasen des Prozesses wiederholt, um die Software auf einen bereitstellbaren Zustand zu bringen.[10]

Teil eines solchen DevOps-Prozesses ist ebenfalls die Phase *Release*. Dieser Prozess beinhaltet die Planung und Verwaltung des neuen Release. Neben dem Einholen von Genehmigungen und dem Anpassen von Konfigurationsdateien, umfasst dieser Prozess außerdem das Updaten der technischen Dokumentation, die Planung des Rollouts und

---

[10] Vgl. Augusten, Stephan. Was ist ein Build?

schließlich das Informieren aller Projektbeteiligten über den geplanten Release.[11]

In der Phase *Deploy* werden die Planungen aus der Phase Release nun umgesetzt und bereitgestellt. Dies geschieht im Wege des Mechanismus der Bereitstellungs-Pipeline. Diese übernimmt die Aufgabe Anforderungen mit Messungen in ein bestimmtes Format zu setzen, welches automatisiert werden kann (Code-Phase) und endet mit der Notwendigkeit, den bereitgestellten Dienst in Zukunft und dauerhaft in Übereinstimmung mit den erarbeiteten Anforderungen zu halten.

Der Prozessabschnitt *Operate* soll dafür sorgen, dass die Funktionalität und Qualität des bereitgestellten Dienstes gewährleitet wird. Dadurch soll eine gleichbleibende Geschäftskontinuität gesichert werden.

Die letzte Phase *Monitor* dient überwiegend der Überwachung. Hier sollen die vereinbarten Servicestandards kontrolliert werden. Dabei bestimmt jedoch nicht nur die Produktionsumgebung den Umfang der Überprüfung, sondern es wird der gesamte DevOps-Prozess mit einbezogen und überwacht.

DevOps-Phasen nach Atlassian

Der DevOps-Prozess ist in verschiedenen Varianten denkbar. So vertritt unter anderen *Atlassian* einen abgewandelten, vordergründig auf agile Softwareentwicklungsprozesse fokussierten DevOps-Ansatz. Dieser weist einige Unterschiede zu dem allgemeinen Ansatz aus dem vorherigen Abschnitt auf, fußt jedoch auf dessen Grundlage. Einer dieser Unterschiede ist zum Beispiel, dass dieser anders als der zuvor beschriebene Ansatz nicht aus acht, sondern nur aus sechs Phasen besteht. Dieser Ansatz ist in Abbildung 30 dargestellt.

---

[11] Vgl. IBM. Übersicht über den Release-Manager-Prozess.

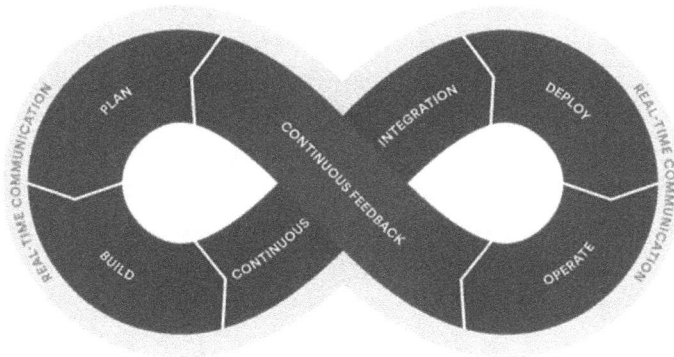

Abbildung 30: DevOps-Prozess nach Atlassian12

Die einzelnen Prozessschritte im Ansatz von Atlassian lauten *Plan*, *Build, Continuous Integration (CI), Deploy, Operate und Continuous Feedback.* Atlassian stellt eine gesamte Toolchain für agile Entwicklung mittels einer Abfolge immer wiederkehrender ähnlicher Handlungen zur Annäherung an ein bestimmtes Ziel (Iteration) bereit.[13]

Wie bereits im vorherigen Abschnitt beschrieben, gibt es hier ebenfalls die Phasen *Plan* und *Build* im Entwicklungsprozess (Development) (vgl. Abbildung 30, linker Teil). Im Gegensatz zu dem Ansatz in Abbildung 29 gibt es hier die Phasen *Code* und *Test* aber nicht. Stattdessen wurden deren Aufgaben in der Phase *Continuous Integration* zusammengeführt. Diese dient vorwiegend dazu, den Quellcode mehrmals täglich in eine Versionskontrolle einzupflegen und im Zuge der kontinuierlichen Integration erste einfache Tests automatisiert durchzuführen, um frühzeitig Probleme zu erkennen.[14]

---

[12] Vgl. Atlassian. DevOps: Schluss mit den Grenzen zwischen Entwicklung und Operations.

[13] Vgl. Matzer, Michael und Stephan Augsten. Die DevOps-Phasen Planung und Erstellung. und Matzer, Michael und Stephan Augsten. Vom Deployment bis hin zum Feedback Loop.

[14] Vgl. Matzer, Michael und Stephan Augsten. Die DevOps-Phasen Planung und Erstellung.

Auf der Operationsseite (vgl. Abbildung 30, rechter Teil) befinden sich, wie auch im allgemeinen Ansatz eine *Deploy* und eine *Operate* Prozessphase. In der hier verwendeten Aufteilung sind anstatt der Phasen *Monitor* und *Release* deren Aufgaben in der Phase *Continuous Feedback* zusammengefasst worden. In dieser Phase wird Kundenfeedback beispielweise zur Bedienerfreundlichkeit erfasst und dem Team bereitgestellt. Solche Informationen können dann zur Planung eines neuen Release herangezogen werden.[15]

Wie dieser Ansatz zeigt, ist es möglich, den DevOps-Ansatz in verschiedenster Weise anzupassen oder zu variieren, sodass er an das jeweilige Unternehmen und dessen Gegebenheiten angepasst werden kann. Trotz individueller Anpassungen bleibt dabei der übergeordnete Teil des DevOps-Ansatzes vorhanden, es werden lediglich kleine Aspekte verändert, zusammengefasst oder getauscht.

Die Agilität in DevOps

DevOps ist an viele Frameworks und Tools wie auch Techniken der agilen Entwicklung wie beispielsweise Lean, Scrum oder TDD angelehnt. Der Prozessverbesserungsansatz „DevOps" wird bereits heute in vielen Softwareprojekten verwendet. Dabei ist den Entwicklern und Managern selten klar, inwiefern sich DevOps von den allgemein bekannten agilen Methoden und Frameworks unterscheidet.[16] Dies soll im Folgenden genauer untersucht werden.

---

[15] Vgl. Matzer, Michael und Stephan Augsten. Vom Deployment bis hin zum Feedback Loop.
[16] Vgl. Kim, et al., Das DevOps-Handbuch: Teams, Tools und Infrastrukturen erfolgreich umgestalten. S. 2

118

Im Fokus von DevOps stehen die benötigte Flexibilität sowie eine schnellere Verfügbarkeit sowie eine höhere Stabilität und Governance der IT. Dies erhöht den Druck auf die IT enorm.[17] Dabei greifen viele agile Methoden, die bei DevOps-getriebenen Entwicklungen zum Einsatz kommen.

Zunächst geht DevOps in seinen Prinzipien auf eine Optimierung des sogenannten Flows ein. Das Framework Scrum bietet unter anderem eine Basis, um die Entwicklungsintervalle zeitlich begrenzen zu können.[18] Die kleinen, autonomen Teams, die auch in Scrum Anwendung finden, sollen schneller und in vollem Umfang mit eigener Verantwortung für die von ihm entwickelten Produkte und Services für einen besseren Flow von der Entwicklung zum Betrieb sorgen. Wichtig ist, dass jedes Team die benötigten Rechte und Ressourcen erhält, sodass die Entscheidungswege nach Möglichkeit so kurz wie möglich gehalten werden.[19] Ein weiteres von Scrum übernommenes Element stellt die Kultur des Lernens in Anlehnung der Retrospektive in Scrum dar. Gemäß der Aussage von Mike Orzen zu Lean IT ist „das Verbessern der täglichen Arbeit wichtiger als die tägliche Arbeit selbst".[20] Somit soll das Element des wissenschaftlichen Experimentierens innerhalb von DevOps gefördert und unterstützt werden.[21]

Erkennbar wird an dieser Stelle das Framework Lean, auf das DevOps ebenfalls aufbaut. Die schnellen und planbaren Durchlaufzeiten, die

---

[17] Vgl. Söllner, Dierk. DevOps als Treiber für agiles und schlankes IT-Servicemanagement.

[18] Vgl. Kim, et al., Das DevOps-Handbuch: Teams, Tools und Infrastrukturen erfolgreich umgestalten. S. 113

[19] Vgl. ebd., S. 87

[20] Vgl. ebd., S. 38

[21] Vgl. Kim, et al., Das DevOps-Handbuch: Teams, Tools und Infrastrukturen erfolgreich umgestalten. S. 43

durch einen reibungslosen und gleichmäßigen Arbeitsfluss entstehen sollen, können durch kleine Batchgrößen und einer Begrenzung des Work in Progress erreicht werden, wie es auch in Lean der Fall ist.[22]

Einen weiteren Aspekt bilden die automatisierten Tests, die kontinuierlich einen deploybaren Zustand des Codes sicherstellen und schnelle Feedbackschleifen ermöglichen sollen. Dies wird mit Vorgehensmethoden wie TDD unterstützt, die in der agilen Entwicklung eine fundamentale Basis bilden.[23]

In DevOps wird großer Wert auf solche automatisierten und schnellen Feedbackschleifen gelegt, die sowohl innerhalb der Entwicklungsteams als auch außerhalb, zwischen der Entwicklung und dem Betrieb, umgesetzt werden sollen. Der Einsatz einer Deployment-Pipeline fördert diesen Informationsfluss vom Betrieb zur Entwicklung, an dem DevOps weiter greift als die üblichen agilen Methoden.[24]

Weiter Denken mit DevOps

Das Prinzip der schnellen Feedbackschleifen greift in den agilen Methoden lediglich als Methode innerhalb des Entwicklungsteams und zwischen dem Kunden und dem Entwicklungsteam. Dies soll in DevOps als automatisierter und erweiterter Prozess einschließlich des Deployment-Prozesses umgesetzt werden. Fehler sollen so schnell wie möglich entdeckt und darauf reagiert werden, um die entstehenden Kosten zu begrenzen. Die Testumgebungen können nur in wenigen Fällen exakt wie die Produktivumgebung reagieren. Somit betrachtet DevOps sowohl die Entwicklung des Produktes als auch das Deployen des Codes auf der Produktivumgebung, bis es dem Kunden den ge-

---

[22] Vgl. ebd., S. 5
[23] Vgl. ebd., S. 104, S. 117, S. 120 f., S. 128
[24] Vgl. ebd., S. 104, S. 120

wünschten Mehrwert bietet. Über Continuous Integration (CI) Server und einen allgemeinen Build-Mechanismus, der alle Umgebungen für Entwicklung, Test und Produktion baut, wird eine Deployment-Pipeline geschaffen.[25] DevOps stellt gewissermaßen den *Missing Link* zwischen agiler Entwicklung einerseits und hochfrequentierter Auslieferung im laufenden Betrieb andererseits dar.[26] Dabei wird nicht nur sicherge-stellt, dass der Code im Produktivsystem korrekt läuft, sondern gleich-zeitig der kontinuierliche Integrations- und Freigabeprozess abge-schlossen ist, den die agilen Methoden lediglich beginnen. Es ermög-licht einen weitaus kontinuierlicheren Arbeitsfluss im IT-Betrieb, als es die agilen Methoden ohne DevOps bieten.[27]

DevOps erweitert somit den Kerngedanken der agilen Softwareent-wicklung um die Einbindung der Inbetriebnahme der Software (und darüber hinaus), stellt jedoch kein von Grund auf neues Prinzip dar. Bereits heute entwickeln viele Teams ihre Software nach dem DevOps-Gedanken, ohne diesen zu kennen. Dabei stellen die agilen Entwick-lungsmethoden die Basis für das *Weiterdenken* mit DevOps.

Bedeutung von DevOps für Unternehmen

Die Umsetzung von DevOps birgt viele Herausforderungen. Diese sind zum einen, dass die gewohnten siloorganisierten IT-Abteilungen hin zu produktorientierten, cross-funktionalen IT-Teams umfunktioniert wer-den müssen. Zum anderen, dass die Mitarbeiter die Notwendigkeit für die organisatorische Veränderung erkennen müssen.[28] Zudem lässt sich

---

[25] Vgl. Kim, et al., Das DevOps-Handbuch: Teams, Tools und Infrastrukturen erfolgreich umge-stalten. S. 106 f., S. 112 ff.

[26] Vgl. Alt, Rainer et al., Innovationsorientiertes IT-Management mit DevOps. S. 32

[27] Vgl. Kim Gene. Top 11 Things You Need to Know About DevOps. S. 5

[28] Vgl. Wiedemann, Anna, Studie: DevOps – Herausforderungen bei der Einführung

DevOps nicht durch Modellprojekte oder durch Zukäufe von einzelnen Tools umsetzen. Für die Umsetzung ist eine umfassende Neuausrichtung der Denkweise im Unternehmen notwendig. Als erster Schritt sind deshalb die Vor- und Nachteile abzuwägen, welche für und gegen eine Umstellung auf DevOps sprechen. Im Folgenden werden nur einige Beispiele aufgezählt.

Vorteile von DevOps

DevOps ist ein Prozess, der notwendige Voraussetzungen schafft, um Applikationen in kurzen Iterationen entwickeln und ausliefern zu können. Der Vorteil von DevOps ist, dass die Entwickler und die Verantwortlichen, die für den Betrieb der Applikation zuständig sind, in einem Team zusammenarbeiten. Mit dieser Vorgehensweise lassen sich Aspekte aus dem Betrieb frühzeitig erkennen, welche dann bereits bei der Entwicklung berücksichtigt werden können. Die Personen aus dem Betrieb wissen schließlich am besten, was sich der Kunde für neue Funktionen wünscht und wie diese im Detail auszusehen haben. Gleichzeitig wird der Betrieb nach der Fertigstellung einer neuen Funktion nicht mit der Aufgabe der Inbetriebnahme dieser in das Produktivsystem allein gelassen.[29]

Jedes Teammitglied, sei es aus dem Development- oder dem Operations-Bereich, bringt seine Erfahrungen und Kompetenzen ein. Die Kooperation des Teams endet nicht mit dem Deployment der zu entwickelnden Applikation. Die gewonnenen Erkenntnisse aus der gemeinsamen Inbetriebnahme und dem Betrieb können später genutzt werden, um zukünftige Versionen der Applikation in der Entwicklung noch stabiler und besser zu machen.[30]

---

[29] Vgl. Baumann, Uwe et al., Das DevOps Inselbuch – Die Sommerlektüre für Entwickler. S. 6
[30] Vgl. Baumann, Uwe et al., Das DevOps Inselbuch – Die Sommerlektüre für Entwickler. S. 7

Im Vergleich zum klassischen Phasenmodell wird beim iterativen Ansatz Funktionalität etappenweise erstellt und ausgeliefert. Mit der etappenweisen Entwicklung kann die Applikation vom Endanwender viel früher genutzt und das daraus resultierende Feedback mit in die nächsten Iterationen aufgenommen werden. Zudem beginnt die Amortisation der Entwicklungskosten bereits nach dem Ausliefern der ersten Funktionalitäten.[31] Mit automatisierten Release-Prozessen, Reduktion von manuellen Tests und optimierten Update-Mechanismen sind darüber hinaus weitere Kosteneinsparungen bei der Entwicklung zu erzielen.[32]

Der Kunde soll in einer hohen Frequenz mit einem MVP (Minimum Viable Product) versorgt werden und nicht mit Software, welche nur ein- bis zweimal im Jahr als großer Release ausgeliefert wird. Dadurch profitiert er stärker von einer brandaktuellen, aber eventuell nicht komplett ausgereiften Software. Dies ist jedoch besser, als würde es diese Software noch gar nicht geben oder diese erst viel zu spät bereitgestellt werden. Sollten Fehler auftreten, sind diese bei DevOps auf Grund der kurzen Release-Zyklen und der automatisierten Tests auch sehr schnell zu erkennen und zu beheben. [33]

Nachteile von DevOps

Mit dem Studium und der Ausbildung in Deutschland wird darauf hingearbeitet, dass die Studenten oder Auszubildenden Experten in einem ganz bestimmten Feld werden. Dieses ist jedoch für den agilen Ansatz, wie zum Beispiel in einem Scrum-Team, von Nachteil. In einem

---

[31] Vgl. ebd., S. 9
[32] Vgl. ebd., S. 11
[33] Vgl. Vaughan-Brown, Justin, DevOps – erfüllt es die Erwartungen? Oder folgt auf den Rausch der große Kater?

Scrum-Team ist es erforderlich, dass alle Teammitglieder vielfältige Aufgaben eines Sprints bearbeiten können.[34]

DevOps verlangt nach einer flacheren Hierarchie, da agile, autonome Teams die Hauptlast der Arbeit selbst übernehmen.[35] In einer traditionell strukturierten Organisation, die ihre Softwareentwicklung kommandowirtschaftlich organisiert, wird es unweigerlich zu Problemen kommen, wenn die Vorgesetzten nicht spezielle Qualitäten mit sich bringen. Die Vorgesetzten benötigen für DevOps ein visionäres Denken und die Fähigkeit, andere zu motivieren. Sollte allerdings auf die strengen Hierarchien weiterhin bestanden werden, dann ist DevOps kaum umzusetzen.[36]

Auf eine lückenlose Dokumentation muss ebenfalls verzichtet werden, da im Scrum-Team kein Schriftführer als Rolle vorgesehen ist. Die allgemeine Bürokratie muss vom Unternehmen auf ein Minimum heruntergestuft werden, da sie ansonsten die agile Vorgehensweise ausbremsen würde.[37]

Umsetzung

Ist die Entscheidung für die Einführung von DevOps getroffen, so ist dieser Prozess nicht von heute auf morgen zu realisieren. Unternehmen vergessen oftmals, dass die involvierten Parteien (Development und Operations) unterschiedliche Ziele verfolgen. Bei agilen IT-Projekten zählt die schnelle Umsetzung einer Software (Time-to-Market), für den

---

[34] Vgl. Vaughan-Brown, Justin, DevOps – erfüllt es die Erwartungen? Oder folgt auf den Rausch der große Kater?

[35] Vgl. Söllner, Dierk. DevOps in der Praxis – Handlungsfelder für eine erfolgreiche Zusammenarbeit von Entwicklung und Betrieb. S. 198

[36] Vgl. Vaughan-Brown, Justin, DevOps – erfüllt es die Erwartungen? Oder folgt auf den Rausch der große Kater?

[37] Vgl. ebd.

IT-Betrieb die Stabilität und Sicherheit der Software. Als Folge müssen die Unternehmen ein gemeinsames Mindset der beiden Parteien schaffen[38]. Das heißt, dass der IT-Betrieb bei der Anforderungsanalyse im Projekt hinzugezogen und angehört werden muss.

Dem gegenüber muss die Entwicklung sich mehr um den Betrieb der Software kümmern. Es reicht nicht aus, dass die entwickelte Software nur in der Testumgebung fehlerfrei läuft – die Entwicklung ist dafür verantwortlich, dass diese auch im Produktivbetrieb einwandfrei funktioniert.[39]

Außerdem ist es weiterhin notwendig, dass das DevOps-Team eine bestimmte Zeit nach dem Deployment oder sogar bis zum Ende des Lebenszyklus der Software Fehleranalysen und -korrekturen durchführt. Bei DevOps wird der Continuous Integration Ansatz verfolgt. Das heißt, dass neue Programmteile kontinuierlich getestet und zusammengeführt werden können. Dabei kann es sich beispielsweise um häufiges Committen auf das Repository in der Versionskontrolle handeln. Damit wird in kleinen häufigen Schritten sichergestellt, dass dieser integrierte Code das Gesamtprojekt nicht gefährdet.[40]

Weiterhin ist es notwendig, dass von den beiden Parteien gemeinsame Prozesse definiert werden. Die Betreibbarkeit des Systems muss vor dem Produktivgang gewährleistet werden. Dazu sind spezifische Tests zu entwickeln, welche die nichtfunktionalen Anforderungen wie Performance und Security abdecken.[41]

Der eingesetzte Continuous-Integration-Ansatz sollte im Falle von DevOps in der agilen Entwicklung um die Möglichkeit des automati-

---

[38] Vgl. Söllner, Dierk. DevOps in der Praxis – Handlungsfelder für eine erfolgreiche Zusammenarbeit von Entwicklung und Betrieb. S. 193
[39] Vgl. Baumann, Uwe et al., Das DevOps Inselbuch – Die Sommerlektüre für Entwickler. S. 22 f.
[40] Vgl. ebd.
[41] Vgl. ebd.

sierten Deployments erweitert werden. Dieses würde zu einer nicht unerheblichen Beschleunigung der Auslieferung neuer Releases beitragen. Damit lassen sich zudem neue Softwareversionen ohne Unterbrechung des laufenden Betriebes der Software vom Entwicklerarbeitsplatz direkt bis in die Produktion überführen. Sobald ein Entwickler neuen Code durch eine zentrale Versionsverwaltung, wie zum Beispiel Git oder SVN, eincheckt, werden automatisiert Build-Prozesse sowie spezifisch definierte Tests ausgelöst und ein skriptbasiertes Deployment ausgeführt. Hierbei können beispielsweise Jenkins[42] zur übergreifenden Steuerung der sogenannten Deployment-Pipeline und JUnit[43] für die Testautomatisierung eingesetzt werden.[44]

Auch die Generierung von Kennzahlen, mit welchen der gesamte DevOps-Prozess abgedeckt werden kann, ist wichtig. Mit diesen ist es möglich, die Effizienz der Entwicklung sowie die Geschwindigkeit des Deployments zu messen. Hierfür bietet es sich an, die Zeit von der Implementierung einer neuen Anforderung bis hin zu einem erfolgreichen Deployment zu messen. Des Weiteren sollte auch die Zeitspanne zwischen der Entdeckung von Fehlern und ihrer Beseitigung gemessen werden. Für die Überprüfung der Codequalität sollte außerdem die Application Performance messbar gemacht und die Zahl der gescheiterten Deployments dokumentiert werden.

Ebenso sollte darüber nachgedacht werden, ob skalierbare Anwendungen genutzt werden können. Eine Architektur, welche auf Microservices aufbaut, hat den Vorteil, dass sie aus kleinteiligen Modulen besteht, welche je nach Bedarf bereitgestellt und skaliert werden können. Ferner lassen sich die eingesetzten Mikroservices später leichter aus-

---

[42] Bei Jenkins handelt es sich um ein erweiterbares, webbasiertes Software-System zur kontinuierlichen Integration von Komponenten zu einem Anwendungsprogramm. (Wikipedia)

[43] Mit Hilfe des Frameworks JUnit lassen sich Java-Programme automatisiert testen, insbesondere einzelne Klassen und Methoden. (Wikipedia)

[44] Vgl. Baumann, Uwe et al., Das DevOps Inselbuch – Die Sommerlektüre für Entwickler. S. 22 f.

tauschen, ohne den Produktivbetrieb zu stören, da diese Dienste weitgehend vom System entkoppelt sind und jeweils nur eine kleine Aufgabe erledigen.

Fazit

In diesem Kapitel wurde das sehr aktuelle Thema DevOps beschrieben. Agile Methoden haben bereits seit einigen Jahren den Einzug in die Softwareentwicklung gefunden. Durch DevOps kann auch das IT-Service-Management von agilen Ansätzen profitieren.

Zunächst wurden die DASA DevOps Prinzipien vorgestellt und anhand dieser auf die Einordnung in das ITSM eingegangen. Dabei wurde aufgezeigt, dass das klassische ITSM zum Teil bereits über Anknüpfungspunkte für die Einführung des DevOps-Ansatzes verfügt. Auch die Vorteile im Vergleich zum klassischen ITSM wurden dadurch ersichtlich.

Im weiteren Verlauf wurden allgemeine Phasen des DevOps-Prozesses mit den von Atlassian entwickelten Phasen verglichen. Auch wenn der DevOps-Prozess bei den beiden vorgestellten Modellen zum Teil unterschiedlich ist, wurden die Gemeinsamkeiten leicht verständlich aufgezeigt.

Das darauffolgende Kapitel hat die Agilität in DevOps beschrieben. DevOps baut zu großen Teilen auf agilen Methoden wie Scrum, Lean oder TDD auf. Dennoch geht DevOps noch einen Schritt weiter und führt die agilen Ansätze zusätzlich in den Betrieb ein.

Die Bedeutung von DevOps für Unternehmen wurde im letzten Kapitel vorgestellt. Dazu wurden neben Herausforderungen auch Vor- und Nachteile von DevOps aufgezeigt. So sind die größten Vorteile von DevOps die Steigerung der Produktivität und dadurch auch eine Verkürzung der Time-to-Market. Auch mögliche Vorgehensweisen bei der

Umsetzung des DevOps-Ansatzes wurden in diesem Kapitel kurz dargestellt. So muss DevOps als Kultur verstanden werden, die im gesamten Unternehmen gelebt wird. Unternehmen müssen eine gemeinsame Mentalität für Entwicklung und Betrieb schaffen.

Zum Schluss sei gesagt, dass es keine eindeutige Vorgehensweise hin zu DevOps gibt. Jedem Unternehmen ist es selbst überlassen, wie das Ziel der Einführung einer DevOps-Organisation erreicht werden soll.

Verwendete und weiterführende Literatur

Alt, Rainer, Gunnar Auth und Christoph Kögler. *Innovationsorientiertes IT-Management mit DevOps*. Wiesbaden: Springer Gabler, 2017.

Atlassian. *Tools für Teams, ob Start-up oder etabliertes Großunternehmen*. Abgerufen am 08.02.2019. https://de.atlassian.com/?_ga=2.235405508.41806029.1549810951-795839740.1549707166.

Atlassian. *DevOps: Schluss mit den Grenzen zwischen Entwicklung und Operations*. Abgerufen am 09.02.2019. https://de.atlassian.com/devops.

Augusten, Stephan. *Was ist ein Build?* Abgerufen am 10.02.2019. https://www.dev-insider.de/was-ist-ein-build-a-702737/.

Baumann, Uwe und Thomas Schissler. *Das DevOps Inselbuch – Die Sommerlektüre für Entwickler*. Software & Support Media GmbH, 2017.

Contegix. *DevOps Part 1: It's More Than Teams*. Abgerufen am 10.02.2019. https://www.contegix.com/devops-part1-its-more-than-teams/.

DevOps Agile Skills Association, *DASA DevOps Principles*. Abgerufen am 09.02.2019. https://www.devopsagileskills.org/dasa-devops-principles/.

IBM. *Übersicht über den Release-Manager-Prozess*. Abgerufen am 10.02.2019.

https://www.ibm.com/support/knowledgecenter/de/SSZRHJ/com.ibm.s
ccd-saas.doc/rpm/c_rpm_releaseprocover.html.

ITpedia. *DevOps-Prozess*. Abgerufen am 09.02.2019.
https://www.itpedia.nl/de/2017/06/28/devops-process/.

Kim, Gene, Jez Humble, Patrick Debois und John Willis. *Das DevOps-Handbuch: Teams, Tools und Infrastrukturen erfolgreich umgestalten*.
Heidelberg: dpunkt.verlag, 2017.

Kim Gene. *Top 11 Things You Need to Know About DevOps*. Abgerufen am
08.02.2018.
https://www.thinkhdi.com/~/media/HDICorp/Files/White-Papers/whtppr-1112-devops-kim.pdf

Koç, Eyup. *Continous Delivery, DevOps und die Auswirkungen auf die IT-Governance*. ISACA News, Nr.01 (März 2015).

Matzer, Michael und Stephan Augsten. *Die DevOps-Phasen Planung und
Erstellung*. Abgerufen am 09.02.2019.
https://www.dev-insider.de/die-devops-phasen-planung-und-erstellung-a-687152/.

Matzer, Michael und Stephan Augsten. *Vom Deployment bis hin zum Feed-back Loop*. Abgerufen am 09.02.2019.
https://www.dev-insider.de/vom-deployment-bis-hin-zum-feedback-loop-a-687619/.

Söllner, Dierk. *DevOps als Treiber für agiles und schlankes IT-Service-Management*. Abgerufen am 08.02.2018.
https://www.informatik-aktuell.de/management-und-recht/projektmanagement/devops-als-treiber-fuer-agiles-und-schlankes-IT-Service-Management.html

Söllner, Dierk. *DevOps in der Praxis – Handlungsfelder für eine erfolgreiche
Zusammenarbeit von Entwicklung und Betrieb*. HMD Praxis der Wirt-schaftsinformatik, Ausgabe 54 (April 2017).

Vaughan-Brown, Justin. *DevOps – erfüllt es die Erwartungen? Oder folgt auf den Rausch der große Kater?* Abgerufen am 10. Februar 2019. https://entwickler.de/online/agile/devops-pro-kontra-579807899.html

Wiedemann, Anna. *Studie: DevOps – Herausforderungen bei der Einführung.* Abgerufen am 11. Februar 2019. https://emea.nttdata.com/blog/de/2018/05/29/studie-devops-herausforderungen-bei-der-einfuehrung

Schatten-IT

Autoren: Lucas Höcker, Tim Trussat, Pascal Wirths

Einleitung

Die immer größer werdende Verbreitung von Cloud-Services bietet nicht nur Vorteile. Auch ein erneutes Aufblühen von Schatten-IT-Lösungen erhält Einzug in vielen Unternehmen. Mitarbeiter sind immer internetaffiner und beziehen eigene Anwendungen, wenn diese von den IT-Abteilungen nicht rechtzeitig zur Verfügung gestellt werden. Im Folgenden sollen Beispiele und zugehörige Gefahren der Schatten-IT dargestellt werden. Anschließend wird der Umgang mit Gefahren im IT-Service-Management anhand von ITIL erläutert. Dabei wird insbesondere Bezug auf Identifikation, Reaktion und Prävention von Schatten-IT genommen. Abgeschlossen wird dieser Beitrag durch ein Fazit, in welchem die Bedeutung von Schatten-IT für Unternehmen zusammengefasst wird.

Beispiele für Schatten-IT

In so gut wie jedem Unternehmen sind IT-Dienstleistungen und Software-Lösungen nicht mehr weg zu denken. Dafür wird Software von der unternehmenseigenen IT oder externen IT-Dienstleistern zur Verfügung gestellt. Software wird für den speziellen Verwendungszweck entwickelt oder aus einem Katalog von freigegebenen Anwendungen angeboten. Neben diesen offiziellen, der IT-Abteilung bekannten, Quellen für Software und IT-Dienstleistungen werden vereinzelt eigene IT-Lösungen von Mitarbeitern oder auch Abteilungen eingeführt. Im folgenden Kapitel sollen Beispiele für Schatten-IT dargestellt werden.

Gründe für Schatten-IT

Schatten-IT tritt überall da auf, wo Mitarbeiter sich eigene Lösungen suchen und diese nicht mit der IT Abteilung abklären bzw. genehmigen lassen. Durch die immer größer werdende Verfügbarkeit von Cloud-Diensten, ist es ein Leichtes selbst gewählte Anwendungen einzurichten und von offiziellen Stellen unbemerkt zu benutzen. Es gibt viele verschiedene Gründe, weswegen Mitarbeiter es für nötig halten, eine Schatten-IT-Lösung eigenmächtig einzuführen. Diese Gründe und eventuelle Gegenargumente sollen in diesem Abschnitt behandelt werden.

Die Einführung von IT-Anwendungen ist in großen Unternehmen häufig mit viel Aufwand und einem langandauernden Prozess verbunden. Dieser Prozess findet meist in einem eigenen Projekt statt. Zuerst muss ein Budget für das Projekt zur Verfügung stehen bzw. beantragt werden. Nach der Freigabe des Budgets können die benötigten Anforderungen evaluiert und diskutiert werden. Bei verteilten Lösungen ist häufig eine langwierige Diskussion über viele Fachabteilungen notwendig. Ist das Lastenheft erstellt, werden die verschiedenen Anbieter in einer Vorauswahl selektiert. Weiterhin stellt sich die Frage, ob auf eine Standardlösung zurückgegriffen werden kann oder eigene Implementierungen in Auftrag gegeben werden müssen. Anschließend können Angebote eingeholt werden, auf Grundlage derer dann der Entscheidungsprozess stattfindet. Aber selbst dann kann es immer noch lange dauern, bis die benötigte Infrastruktur bereitsteht und die Lösung Verwendung findet, da häufig eine Integration in bestehende Systeme notwendig ist. Es lässt sich also vermuten, dass die zeitintensive Projektarbeit umgangen und eine sofort eingerichtete Cloud-Lösung bevorzugt wird. Folgend sind die Gründe für Schatten IT aufgelistet und beschrieben.

Kostenlos

Bei der Einführung von Software-Lösungen spielt das Budget häufig eine große Rolle. Viele Cloud-Anbieter haben Testversionen oder einen Probezeitraum und sind „oft - zumindest in Basisfunktionen - kostenlos"[1]. Jedoch richten sich diese kostenlosen Angebote, meist exklusiv, an Privatkunden, sodass die kommerzielle Nutzung den Nutzungsbedingungen widerspricht.

Lange Wartezeiten

Wie bereits in der Einleitung dieses Kapitels dargestellt, sind Einführungsprojekte von neuen Lösungen mit viel Aufwand und Wartezeit verbunden. Entscheidet sich ein Mitarbeiter eigens gewählte Cloud-Services zu nutzen, können sofort Mitarbeiter eingeladen und Accounts erstellt werden.

Freigabeprozesse

Komplexe Freigabeprozesse sorgen unter anderen auch für lange Wartezeiten, sowohl bei der Auswahl von Funktionen, als auch bei der Untersuchung durch die IT-Abteilung. Anwendungen der Schatten-IT umgehen die interne Infrastruktur und sind sofort verfügbar.

Falscher Komfort

Cloud-Lösungen sind von überall mit einem Internetanschluss erreichbar. Updates auf dem eigenen Gerät werden überflüssig und die Verfügbarkeit ist quasi ständig gegeben. Dadurch steigt der Komfort dieser Anwendungen gegenüber interner Software.

---

[1] Siehe Pelkmann T.; Problemlöser Schatten-IT, CIO - IT-Strategie für Manager

Bereits bekannte Lösungen

Der Mensch neigt dazu ihm bekannte Lösungswege zu bevorzugen. Kennt ein Mitarbeiter Anwendungen aus dem privaten Gebrauch oder einer vorherigen Arbeitsstelle und erachtet diese als brauchbar, will er diese ebenfalls in der aktuellen Arbeitssituation nutzen und behält sie bei

Ungenügende vorhandene Lösungen

Bei der Auswahl einer Lösung spielt nicht nur die Funktionalität eine Rolle, sodass auch Anwendungen eingesetzt werden, die nicht im vollen Umfang den Erwartungen entsprechen, sei es durch veränderte Bedingungen, einem neuen Einsatzbereich oder hinzukommenden Anforderungen. Genügt die Software diesen nicht mehr, werden Alternativen gesucht.

Verwendung von Altsystemen

Häufig werden vorhandene Lösungen jahrelang eingesetzt, da auf den ersten Blick kein Bedarf für eine Veränderung besteht. Die Mitarbeiter gewöhnen sich so an Routinen und Anwendungen und wollen überhaupt keine Anpassung. Wird eine neue Anwendung eingeführt und diese nicht ausreichend kommuniziert, wird sie auch nur schlecht angenommen. Soweit, dass das alte System im Hintergrund, beispielsweise auf einem alten Server, weiterhin verwendet wird.[2]

Schatten IT in der Praxis

Heutzutage kommt Schatten IT meistens in Form von Cloud-Anwendungen vor. In der Praxis gibt es viele verschiedene Möglichkeiten selbstbestimmt Lösungen einzuführen. Während es früher notwen-

---

[2] Vgl. Herrmann W.; Cloud Computing - die unsichtbaren Risiken der Schatten-IT

dig war eigene Server zu betreiben, können heute Anwendungen, an der IT Abteilung vorbei, genutzt werden.

„In einem durchschnittlichen Unternehmen sind derzeit 1022 verschiedene Cloud-Services im Einsatz, hat der Cloud-Security-Anbieter Netskope in einer aktuellen Studie herausgefunden. Mehr als 90 Prozent der Dienste eignen sich demnach nur bedingt für einen Enterprise-Einsatz, weil Management-, Security- und Compliance-Features fehlten."[3]

Laut einer Studie des Telekommunikationsanbieters BT floss 2015 jeder vierte Euro der IT-Ausgaben in Anwendungen, die unter Schatten IT fallen.[4]

„In jedem dritten Unternehmen in den USA, Großbritannien und Deutschland werden darüber hinaus an einem durchschnittlichen Tag mehr als 1.000 weitgehend unbeachtete IoT-Geräte mit dem Netzwerk verbunden."[5]

Anhand dieser Beispiele wird klar, dass Schatten IT eine große Bedeutung für jedes Unternehmen hat und nicht ignoriert werden kann. Oftmals werden Cloud-Anwendungen für den Austausch von Daten oder für E-Mail Dienste verwendet. Aber auch Office-Pakete und sogar Produktionsplanungen in der Cloud sind nichts Unübliches mehr. Bekannte Anbieter sind Dropbox, Google, Microsoft und Amazon.

In der folgenden Grafik ist eine Umfrage zu Nutzung von Schatten-IT in Unternehmen dargestellt.

---

[3] Siehe Herrmann W.; Cloud Computing - die unsichtbaren Risiken der Schatten-IT
[4] Vgl. business impact; Jeder vierte Euro fließt in Schatten-IT
[5] Siehe Schuster H.; Der lange Schatten der Schatten-IT

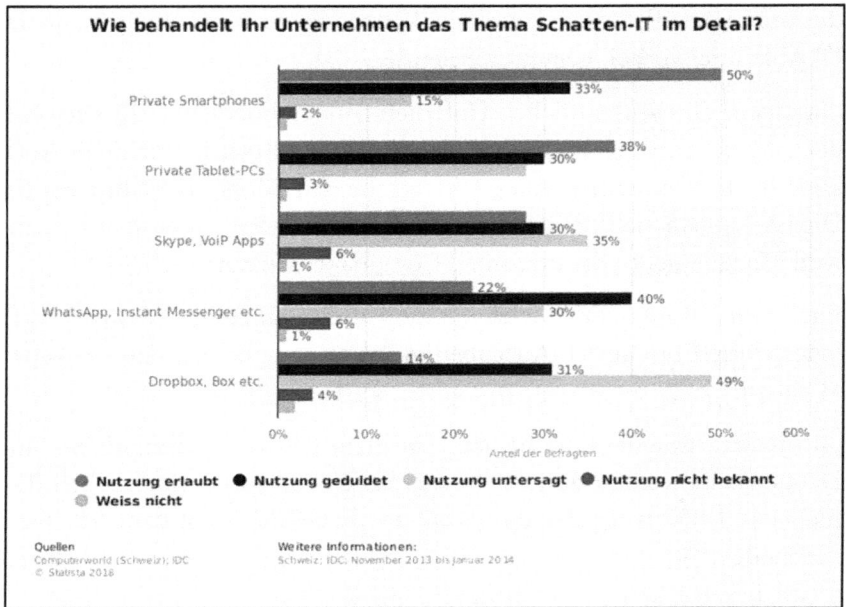

Wie behandelt Ihr Unternehmen das Thema Schatten-IT im Detail?

Abbildung 31: Umfrage Schatten IT[6]

Gefahren der Schatten IT

Durch den Einsatz von Schatten IT können sich für ein Unternehmen große Risiken auftun, die mitunter zu finanziellen Schäden führen oder die Unternehmung komplett scheitern lassen. Gefahren treten meist bei der Verwendung von Schatten IT auf, beginnen aber schon bei der unsachgemäßen Einrichtung. Häufig bleiben diese verborgen oder werden erst durch einen Zwischenfall bekannt. Im folgenden Kapitel sollen einige Gefahren der Schatten IT und ihr Einfluss auf ein Unternehmen dargestellt werden.

---

[6]   Siehe   https://de.statista.com/statistik/daten/studie/320467/umfrage/umfrage-zur-schatten-it-in-den-unternehmen-in-der-schweiz/ Abruf 05.02.2019

Folgend sind einige Gefahren aufgelistet und erläutert.

Datenverlust

Die offizielle Datenhaltung der IT-Abteilung beinhaltet nahezu immer eine standarisierte Datensicherung. Wird für die Datenablagen ein Diensteanbieter wie Dropbox verwendet, ist die Datensicherung komplett aus der Hand gegeben. Verluste sind so nur schwer oder gar nicht abzufangen und können einen erheblichen finanziellen Schaden bedeuten. Außerdem bieten die meisten Dienstleister ihre Angebote global an, sodass nie klar sein kann, auf welchem Server die Daten liegen und wer Zugriff, auch unbefugt, auf diesen haben könnte

Datenkonsistenz

Ähnlich zum Datenverlust, kann nicht sichergestellt werden, dass Daten ihre Richtigkeit behalten. Eine Manipulation der Daten, ist mit der eingeschränkten externen Sicht so gut wie nicht erkennbar. Oftmals werden Daten dadurch redundant gespeichert aber nicht gleichzeitig geändert, sodass verschiedene Versionen der Daten entstehen.

Datendiebstahl

Bei Cloud-Diensten vertraut man auf die Sicherheitsaspekte des Anbieters. Das heißt, die Sicherheitsaspekte des Anbieters müssen den Anforderungen an die eigene IT mindestens entsprechen. Für eine nicht fachkundige Person, ist dies so gut wie unmöglich zu überprüfen.

Einbringen von Schwachstellen

Viele Cloud-Services sind allein im Browser lauffähig und verwendbar. Allerdings gibt es auch Desktopanwendungen wie von Dropbox oder Apps für das Smartphone. Durch das Herunterladen und Installieren dieser, können sich Schwachstellen ergeben. Während die Desktop-

Rechner über einen Virenschutz verfügen, sichern die meisten Mitarbeiter ihr Smartphone so gut wie gar nicht. Das Smartphone wird dabei als schwächstes Glied in der Sicherheitskette angegriffen.[7]

Umgang mit Schatten-IT im IT-Service-Management

In den vorherigen Kapiteln wurde deutlich, dass Schatten-IT kein neues Thema ist. Beispiele wie die Erstellung von Excel-Makros durch Nicht-IT-Mitarbeiter oder die Nutzung von Online-Diensten für geschäftliche E-Mails gibt es seit langer Zeit. Durch die zunehmende Verbreitung von Cloud-Diensten und SaaS, wird es immer wichtiger diesem Thema Beachtung zu widmen. Es werden strukturierte Lösungen benötigt, die die im Unternehmen auftretende Schatten-IT managen. Bereits vorhandene Schatten-IT muss erfasst werden, der Bestand an Schatten-IT in einen geordneten Rahmen überführt und zukünftige Schatten-IT reduziert werden. Dabei geht es nicht darum die Schatten-IT vollständig zu entfernen, sondern für das Management beherrschbar zu machen. Die in den vorherigen Kapiteln beschriebenen Beispiele wie Datenverlust und Sicherheitslücken bergen viele Probleme und Risiken. So können rechtliche Anforderungen an den Datenschutz nicht erfüllt werden, Firmengeheimnisse geraten in Gefahr und das Ausfallrisiko für betroffene Anwendungen ist nicht abschätzbar. Aus diesem Grund wird in diesem Kapitel untersucht, ob bestehende ITSM-Frameworks und Standards, bereits das Thema Schatten-IT adressieren und Prozesse für den Umgang damit definieren.

In der Umfrage der FH Bielefeld wurde die Frage gestellt, welche Frameworks und Normen in den relevanten Unternehmen am häufigsten eingesetzt werden. Zu den häufigsten Antworten gehörten das Framework IT Infrastructure Library (ITIL). In den folgenden Ab-

---

[7] Vgl. Herrmann W.; Cloud Computing - die unsichtbaren Risiken der Schatten-IT

schnitten wird deswegen das ITIL-Framework in der Version 3 auf seine Relevanz für Schatten-IT untersucht (Abschnitt 4.1). Aus dieser Analyse werden allgemeine Handlungsempfehlungen abgeleitet und in den Frameworks fehlende Aspekte hinzugefügt. Die Abschnitte Identifikation S. 143, Reaktion S. 143 und Prävention S. 144unterteilen die Ergebnisse in drei Phasen.

ITIL-Framework

ITIL ist ein standardisiertes Prozessmodell für IT-Service-Provider das heute Grundlage für die Gestaltung der Prozesse vieler Informatikabteilungen und IT-Service-Provider ist.[8] Die aktuelle Version ist v3, welche 2011 veröffentlicht wurde.[9] Als Referenzmodell für die Planung, Überwachung und Steuerung von IT-Leistungen ist zu erwarten, dass das Thema Schatten-IT adressiert wird. Die Unterteilung in fünf unterschiedliche Bücher, erschwert die Analyse, ob das Thema Schatten-IT direkt angesprochen wird. Das Wort Schatten-IT (bzw. engl. Shadow IT) findet sich in keinem der Bücher. Vielmehr wird deutlich, dass die erfolgreiche Implementierung von ITIL-Prozessen die Entstehung von Schatten-IT verhindern kann. Insbesondere die Bücher Servicestrategie (engl. Service Strategy), Serviceentwicklung (engl. Service Design) und, Kontinuierliche Serviceverbesserung (engl. Continual Service Improvement) beinhalten Prozesse, die das Beherrschen der Schatten-IT ermöglichen.

Eine klare Servicestrategie (Service Strategy) ist Voraussetzung, dass die Fachabteilungen zukünftig auf standardisierte Services setzen. Dabei kann es sich sowohl um interne Dienste als auch um vorab definierte Cloudservices handeln. Wenn die Nutzer der Fachabteilungen keinen

---

[8] Vgl. Brenner, W.: Enzyklopädie der Wirtschaftsinformatik - ITIL
[9] Vgl. ITILv3.: ITIL® Service Strategy, TSO

Zugriff auf einen konkreten Servicekatalog haben, besteht das Risiko, dass sie auf Lösungen, die zur Schatten-IT gehören, ausweichen.[10] Der Serviceorientierte Ansatz von ITIL bietet gute Voraussetzungen auch Schatten-IT in den Servicekatalog aufzunehmen. Zur Servicestrategie gehört die vorherige Erfassung aller, im Unternehmen vorhandenen, IT-Prozesse. Somit sollte nach der Einführung eines ITSM-Frameworks, wie ITIL, sämtliche Schatten-IT identifiziert sein. Im Rahmen der kontinuierlichen Serviceverbesserung, kann Schatten-IT dann durch interne Dienste ersetzt oder kontrolliert in den Servicekatalog aufgenommen werden. Eine in der Servicestrategie genannte Frage ist: *„How do we differentiate ourselves from competing alternatives?"*. Diese Fragestellung ist besonders relevant, um das Entstehen von Schatten-IT zu vermeiden. Externe Dienste, wie Cloud Services, werden den internen Services bevorzugt, da diese durch die Fachabteilung schneller und einfacher eingeführt werden können.

Der Abschnitt „Sourcing" in der *Service Strategy* beinhaltet Überlegungen zum Outsourcing von Services. Bei Schatten-IT handelt es sich häufig um eine Form von Outsourcing, nur das diese nicht kontrolliert erfolgt. Die Kosten für die Bereitstellung eines Service werden als Hauptgrund für das Outsourcing von Diensten genannt. Bei Schatten-IT verhält es sich in der Regel andersherum, ein Service wurde von einer Fachabteilung eingeführt und ein Kostenvergleich gegenüber internen Services wurde nicht durchgeführt. Mittels der Sourcingstrategie können die Kosten für die bisherige Schatten-IT ermittelt werden. Weitere Gründe, welche in ITIL für das Outsourcing genannt werden, sind eine höhere Servicequalität und möglicherweise reduzierte Verantwortung für die interne Organisation. Zur Sourcing Strategie gehören aber auch weitere Aspekte wie Lizenzmanagement, rechtliche Vorgaben und das Überführen der Services in den Betrieb. Es wird explizit darauf einge-

---

[10] Vgl. Sieber, R.: Computerwoche - Servicekatalog und SLA in der Sprache der Nutzer

gangen, dass potenzielle Partner nach Möglichkeit wichtige Zertifizierungen wie z.b. die ISO/IEC 20000 oder eTOM nachweisen sollten, um so das Sourcing-Risiko zu reduzieren.

Der ITIL-Abschnitt *8.1 Service Automation* enthält Prinzipien, die die Entstehung von Schatten-IT vermeiden können. Durch die beschriebenen Self-Service Portale können Services den Nutzern direkt bei Bedarf zur Verfügung gestellt werden. Langwierige Genehmigungsprozesse und Wartezeit können so entfallen und die Akzeptanz der internen Services steigt. Die im neunten Kapitel genannte Risikoanalyse sollte auch die Risiken der Schatten-IT aufdecken.[11]

Im Rahmen der kontinuierlichen Serviceverbesserung (Continual Service Improvement) sollte in regelmäßigen Abständen geprüft werden, ob die angebotenen Services noch den Anforderungen der Nutzer entsprechen. Eine regelmäßige Überprüfung, ob der Servicekatalog noch aktuell ist, oder ob neue Schatten-IT im Unternehmen entstanden ist, hilft zu verstehen, welche Bedürfnisse nicht vom Servicekatalog gedeckt sind. Die bestehenden Services können dann verbessert werden oder die Schatten-IT in den Servicekatalog aufgenommen und für alle Abteilungen verfügbar gemacht werden. Richtlinien und Prinzipien für das Capability-Improvement, Qualitäts- und Change-Management helfen dabei, diese Ziele zu erreichen. Das Plan–Do–Check–Act Model (PDCA) ermöglicht Änderungen zu jedem Zeitpunkt. In der kontinuierlichen Serviceverbesserung, wird auch eine laufende Kostenkontrolle der angebotenen Services genannt. Dieser Abschnitt ist für die Schatten-IT relevant, denn wenn die internen Services die Kosten, von bspw. Cloud-Diensten übersteigen, steigt das Risiko, dass Nutzer die günstigere Alternative bevorzugen. Ein weiterer Inhalt der kontinuierlichen Serviceverbesserung sind regelmäßige Zufriedenheitsumfragen unter den Servicenutzern. Diese Maßnahme hilft also präventiv Probleme

---

[11] Vgl. ITILv3.: ITIL® Service Strategy, TSO

aufzudecken und das Abwandern verärgerter Nutzer zu vermeiden. Zusätzlich können die Umfragen helfen Ideen für zukünftige Trends und Services zu sammeln.[12]

Auch die weiteren Bücher sind für das Management von Schatten-IT relevant. Die Serviceentwicklung (Service Design) enthält Prinzipien für Rahmenbedingungen zur Entwicklung neuer und bestehender Services. Die Spezifikation der Anforderungen, Leistungsumfang, Sicherheitsaspekte (Information Security Management) und daraus resultierende Service Level Agreements (SLAs) helfen die Qualität der angebotenen Dienstleistungen zu gewährleisten. Externe Dienste, die als ehemalige Schatten-IT in den Servicekatalog aufgenommen werden, können so ebenfalls gemanagt werden. Möglicherweise fehlende SLAs können mit den Anbietern der Dienste vereinbart werden.[13] In der Service-Transition, werden Prozesse für die Überführung eines Service in den laufenden Betrieb genannt. Externe Dienste müssen gewartet werden und benötigen ein Change-Management.[14] Der Dienstleistungsbetrieb (Service Operation) muss den operativen Betrieb managen. Im Fall von externen Diensten werden dann ein mit dem Dienstleiter abgestimmtes Notfallmanagement und Eskalationswege benötigt.[15]

Erkenntnisse

Ein funktionierendes IT-Service-Management ist mit dem verstärkten Aufkommen von Schatten-IT besonders wichtig. Die vorherigen Abschnitte zeigen, dass die Prävention und der Umgang mit Schatten-IT ein Organisationsthema ist. In den folgenden Abschnitten werden die aus den vorherigen Abschnitten abgeleiteten Erkenntnisse in Maßnah-

---

[12] Vgl. ITILv3.: ITIL® Service Strategy, TSO
[13] Vgl. ITILv3.: ITIL® Service Design, TSO
[14] Vgl. ITILv3.: ITIL® Service Transition, TSO
[15] Vgl. ITILv3.: ITIL® Service Operation, TSO

men für die Identifikation, Reaktion und Prävention von Schatten-IT unterteilt.

Identifikation

Zunächst muss die im Unternehmen vorkommenden Schatten-IT identifiziert werden. Bei Einführung eines ITSM-Frameworks muss genau analysiert werden, welche Anwendungen und Systeme im Unternehmen verwendet werden. Dabei sollten nach Möglichkeit keine Sanktionen angedroht werden, da Mitarbeiter dann dazu verleitet werden, Systeme nicht zu nennen oder Probleme nicht aktiv ansprechen.[16]

Reaktion

Als Reaktion auf gefundene Schatten-IT gibt es mehrere Optionen. Zunächst muss verstanden werden, welche Geschäftsprozesse mit dem Einsatz der Schatten-IT ausgeführt oder unterstützt werden. Anschließend müssen die Gründe für den Einsatz der Schatten-IT gefunden werden. Es ist zu prüfen, ob der interne Servicekatalog keine vergleichbare Lösung anbietet oder ob die Lösung aus Unkenntnis über die Inhalte des Servicekatalogs gewählt wurde. Lange und komplizierte Beschaffungswege können ein weiterer Grund für den Einsatz einer selbst beschafften Lösung sein. Nachdem die Ursachen für die Verwendung der Schatten-IT gefunden wurden, sollten in Zusammenarbeit mit den Fachabteilungen Lösungskonzepte erarbeitet werden. Innerhalb dieser können Anwendungen zukünftig in den Servicekatalog aufgenommen oder Alternativen geschaffen werden. Wenn die Lösungen in den Servicekatalog aufgenommen werden, können auch Nutzer anderer Abteilungen im Unternehmen von der Lösung profitieren. Die Aufnahme bereits produktiver Schatten-IT Lösungen und die dadurch entstehenden Synergien, entlasten die interne IT. Erst wenn alle anderen Mög-

---

[16] Vgl. Manhart, K.: Computerwoche - So verhindern Sie Schatten-IT

lichkeiten geprüft wurden, sollte über den Einsatz von Verboten und Sanktionen nachgedacht werden.

Prävention

Im vorherigen Abschnitt wurde beschrieben, dass es wichtig ist die Ursachen für den Einsatz von Schatten-IT zu verstehen. Dies ist auch Voraussetzung für eine effektive Prävention. Ein umfassend eingeführtes ITSM ermöglicht es interne Dienste in einer hohen Qualität anzubieten, so dass Anwender nicht auf Schatten-IT ausweichen. Zusätzlich hilft das ITSM dabei die identifizierte Schatten-IT zu managen und anschließend geordnet zu ersetzen bzw. in einen geregelten Betrieb zu überführen. Eine weitere wichtige Maßnahme sind Nutzerschulungen für die bereits angebotenen Services. Wenn die Nutzung der internen Services die Anwender überfordert, steigt das Risiko, dass diese sich eigene Lösungen suchen. Die von den Anwendern kommunizierten Wünsche sollten angehört werden und der Umgang damit transparent kommuniziert werden. Wenn Anwender das Gefühl haben nicht gehört zu werden, suchen diese sich eigene Lösungen. Selbstverständlich ermöglichen auch Sanktionsmaßnahmen und Verbote den Einsatz von Schatten-IT zu verhindern. Dabei ist es jedoch wichtig, dass die Gründe für das Verbot kommuniziert und von den Anwendern verstanden werden. Zu umfassende Sanktionen können dazu führen, dass der Einsatz von Schatten-IT verschwiegen wird.[17]

Fazit

Besonders durch die leichte Einrichtung von Public und Private Cloud Angeboten, steigt die Gefahr der Nutzung von Schatten-IT innerhalb der Fachabteilungen. Die hierdurch entstehenden Insel-Lösungen ver-

---

[17] Vgl. Manhart, K.: Computerwoche - So verhindern Sie Schatten-IT

hindern das übergreifende Automatisieren von Geschäftsprozessen. Deshalb sollten ITSM-Werkzeuge, um für eine Einhaltung der Compliance zu sorgen, in der Lage sein, für eine transparente Darstellung von Service-Level-Agreements, innerhalb von gemischten IT-Umgebungen, zu sorgen.

Die IT-Abteilung muss damit rechnen, dass der Bedarf an inoffiziell beschafften Lösungen da ist. Die Systeme sollten bekannt und ihre Weiterentwicklung im Blick sein. In den meisten Fällen sorgen diese Systeme für einen betrieblichen Mehrwert gegenüber der langsamen Einrichtung durch die IT-Organisation.

Ein generelles Verbot von Cloud-Lösungen für Fachabteilungen ist kontraproduktiv. Sanktionen sorgen zusätzlich für das Verschweigen von Lösungen. Die IT-Abteilung sollte Anwendern zuhören und auf ihre Bedürfnisse eingehen. Eine Positionierung, nicht als alleiniger Anbieter von IT-Lösungen, sondern als Berater auf Augenhöhe gegenüber den Fachabteilungen hilft dabei, eine optimale Lösung für Anwender und die IT-Abteilung zu finden. Dies stärkt die Rolle der IT-Abteilung als Business-Partner und ermöglicht die Integration in vorhandene Geschäftsprozesse und sowie die Einhaltung der ITSM-Richtlinien.

Verwendete und weiterführende Literatur

Brenner, W.: Enzyklopädie der Wirtschaftsinformatik – ITIL; verfügbar unter: http://www.enzyklopaedie-der -wirtschaftsinformatik.de/ lexikon/daten-wissen/Grundlagen-der-Informationsversorgung/ITIL/index.html Abgerufen am 10.01.2019.

business impact, Heft 1/2015, S. 9 / Kompakt -> Inside; Jeder vierte Euro fließt in Schatten-IT; Media-Manufaktur GmbH

Herrmann, Wolfgang; Cloud Computing - die unsichtbaren Risiken der Schatten-IT; Computerwoche, 20.11.2017, Nr. 47 / Fachartikel; IDG Business Verlag GmbH

ITILv3: ITIL® service operation (2. Ausg., 3. Nachdr., Ausg. 2011.) London 2011, TSO.

ITILv3: ITIL® service strategy (2. Ausg., 3. Nachdr., Ausg. 2011.) London 2011, TSO.

ITILv3: ITIL® service transition (2. Ausg., 3. Nachdr., Ausg. 2011.) London 2011, TSO.

ITILv3: ITIL® service design (2. Ausg., 3. Nachdr., Ausg. 2011.) London 2011, TSO.

ITILv3: ITIL® continual service improvement (2. Ausg., 3. Nachdr., Ausg. 2011.) London 2011, TSO.

Manhart, K.: Computerwoche - So verhindern Sie Schatten-IT; verfügbar unter: https://www.tecchannel.de/a/so-verhindern-sie-schatten-it,3204319,7. Abgerufen am 11.01.2019.

Pelkmann, Thomas; Problemlöser Schatten-IT, CIO - IT-Strategie für Manager, Meldung vom 16.03.2011; IDG Magazine Verlag GmbH

Sieber, R.: Computerwoche - Servicekatalog und SLA in der Sprache der Nutzer; verfügbar unter: https://www.computerwoche.de/a/servicekatalog-und-sla-in-der-sprache-der-nutzer,3049621. Abgerufen am 11.01.2019.

Schuster, Heidi; Der lange Schatten der Schatten-IT; IT-BUSINESS 12.2018

Enterprise Service Management

Autoren: Denys Khavin, Jannis Lindrath, Dennis Null, Cherbel-Urhoi Öz

Einleitung

IT-Service-Management (ITSM) ist seit vielen Jahren in Unternehmen fest verankert. Die Geschäftsprozesse hängen zunehmend von einer gut funktionierenden Informationstechnik ab. Über das IT-Service-Management werden die Abläufe innerhalb der IT an bewährten Prozessen ausgerichtet und organisiert. Best Practices beziehungsweise Rahmenwerke wie ITIL oder ISO/IEC 20000 haben sich über die Jahre bewährt und sollen in großen Unternehmen zu besserer Servicequalität und einer höheren Kundenorientierung führen.[18]

Abseits der IT werden viele Abläufe noch manuell per Papier, Tabellen, E-Mail, Telefon ohne standardisierte Prozesse. Hinzu kommt, dass viele Prozesse gar nicht oder mangelhaft dokumentiert sind. Dies hat großen Einfluss auf die Effizienz und somit auch auf die Kundenzufriedenheit. An dieser Stelle setzt das Enterprise Service Management (ESM) an, denn mit Hilfe von ESM werden die IT-Services zum Vorbild für Services außerhalb der IT. So sollen die Services, die automatisiert und standardisiert werden können, aus den verschiedenen Abteilungen wie beispielsweise HR, Marketing oder Vertrieb digitalisiert werden. Dies soll vor allem mit der Unterstützung der IT geschehen.[19]

---

[18] Vgl. Rohrer, Anselm, Söllner, Dierk. (2017) IT-Service-Management mit FitSM : Ein praxisorientiertes und leichtgewichtiges Framework für die IT.

[19] Vgl. Maurer, J., (2019) Enterprise Service Management steht erst am Anfang.

ESM ist gerade erst am Anfang, dies spiegelt eine Studie der IDG Research und USU wieder. Demnach stimmen 90% aller 380 Verantwortlichen und Spezialisten von IT Firmen zu, dass es sinnvoll ist Enterprise Service Management einzusetzen. Jedoch gaben nur 58% aller Befragten an, bereits ESM-Tools im Einsatz zu haben.[20] Im Folgenden wird nun das Thema Enterprise Service Management erläutert, dafür werden zunächst service-orientierte Unternehmen und Serviceprozesse erklärt. Anschließend wird in das Thema ESM eingeführt und auf die einzelnen Bestandteile eingegangen. Abgeschlossen wird dieses Kapitel mit einem Ausblick über die Zukunft von ESM.

Service-orientierte Unternehmen

Im Zuge der digitalen Transformation und den stetig wandelnden Arbeits- und Lebensbedingungen, wie gestiegene Mobilität, haben sich die Kundenanforderungen verändert. Die Unternehmen sind gezwungen, kundenorientiert zu handeln. Um eine Rentabilität für den Kunden zu garantieren, stellen diese die Angebote in den Mittelpunkt. Dieser Nutzen führt bei den Kunden zu einem Überdenken der bestehenden Konsumpräferenzen. Die Präferenzen setzen sich aus den Grundbedürfnissen und den Lebensmodellen der jeweiligen Kunden zusammen. Bietet das neue Angebot aus Kundensicht einen echten Vorteil gegenüber den Gütern aus dem Konsumplan, so wird die Entscheidung zugunsten dessen fallen. Dabei ist zu berücksichtigen, dass für den Kunden nicht das Produkt oder der Service der entscheidende Faktor ist, sondern den Nutzen, den er aus dem Produkt und dem Service zieht.

Insbesondere ist es nötig, die Kunden- und Unternehmensanforderungen soweit wie möglich in Einklang zu bringen und für den Kunden

---

[20] Vgl. Ostler, U. (2019) 88 von 100 Unternehmen wollen demnächst in ITSM und ESM investieren.

einen Mehrwert zu schaffen. Der Kunde transformiert den Wert von Produkt- und Serviceangeboten in eine für ihn individuelle Zahlungsbereitschaft. Neben dem Produkt selbst können service-orientierte Unternehmen eine spezifische Kundenansprache und Differenzierung von Konkurrenten erreichen.[21] [22]

Serviceprozess

In einem service-orientiertem Unternehmen bildet der Service bzw. die Dienstleistung, die direkte Schnittstelle zum Kunden und dessen Prozessen. Ebenso bei innerbetrieblichem Leistungsaustausch verbindet der Service den Lieferanten mit dem Kunden. Somit ist der Service das Ergebnis eines oder mehrerer Prozesse/s und der „darunter liegenden" Serviceelemente im Serviceprozess (siehe Abbildung 32).[23]

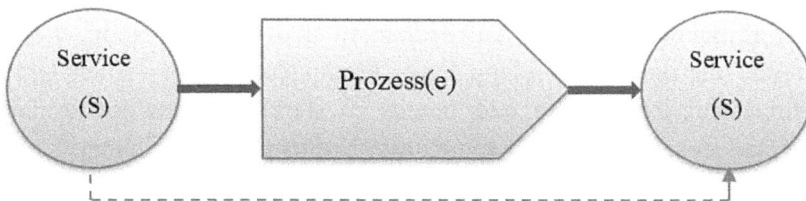

Abbildung 32: Serviceprozess(e) und Service-to-Service-Sicht[24]

Für eine effiziente und fehlerfreie Serviceerbringung ist neben den Prozessen, besonders der Mensch und das Informationssystem ein wesent-

---

[21] Vgl. Böhmann, Tilo et al., Service-orientierte Geschäftsmodelle: Erfolgreich umsetzen, S. 54 f, 114.

[22] Vgl. Dahm, Markus, Thode, Stefan, Strategie und Transformation im digitalen Zeitalter: Inspiration für Management und Leadership, S. 254.

[23] Vgl. Dahm, Markus, Thode, Stefan, Strategie und Transformation im digitalen Zeitalter: Inspiration für Management und Leadership, S. 253 f.

[24] Vgl. Dahm, Markus, Thode, Stefan, Strategie und Transformation im digitalen Zeitalter: Inspiration für Management und Leadership, S. 253.

licher Faktor für einen guten Service. Darum ist es wichtig, Unternehmens- und Serviceprozesse (Service-Management) einander anzugleichen. Die Transformation von service-orientierten Unternehmen hängt von der Informations- und Kommunikationstechnologie-Infrastruktur, sowie von dem Management der Informationssysteme (Informationsservices) ab. Diese können die Geschäftstätigkeit eines Unternehmens unterstützen.[23][25]

Servicemerkmale und Kundennutzen

Der Kundennutzen resultiert aus dem wahrgenommenen Mehrwert im Laufe des gesamten Konsumprozesses. Dieser Mehrwert besteht nicht nur aus dem einzelnen Produkt selbst, sondern aus dem im gesamten Konsumprozess bereitgestellten Service. Somit werden Kernprodukte zu einem Teil des Konsumprozesses. Nutzerformen wie die Entlastung oder Einfachheit, mobile Anwendbarkeit und die Innovation, werden Gründe für die Entscheidung eines Produktes. Darum sollten Unternehmen ihre innovativen, oder bereits im Markt existierenden Produkte und Services, entsprechend den Kundenbedürfnissen ausrichten.[26][27]

---

[25] Vgl. Böhmann, Tilo et al., Service-orientierte Geschäftsmodelle: Erfolgreich umsetzen, S. 115.

[26] Vgl. Dahm, Markus, Thode, Stefan, Strategie und Transformation im digitalen Zeitalter: Inspiration für Management und Leadership, S. 245 f.

[27] Vgl. Böhmann, Tilo et al., Service-orientierte Geschäftsmodelle: Erfolgreich umsetzen, S. 54 f, 57, 62, 81.

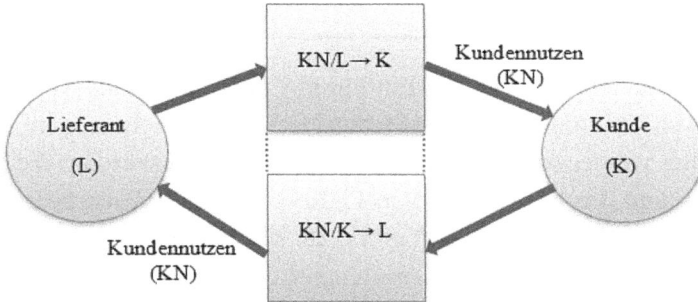

Abbildung 33: Bidirektionale Kundennutzen-Architektur zwischen Lieferant und Kunde über den Service[28]

Der Kundennutzen in einer Kunden-Lieferanten-Verbindung kann auf zwei verschiedene Arten betrachtet werden (siehe Abbildung 33). Der Kunde bewertet den Nutzen (KN/L→ K) anhand der Eigenschaften des Lieferanten. Hierzu zählen beispielsweise der Umfang, die Qualität, der Zeitpunkt/-raum der Erbringung, die Verfügbarkeit, die Ausfallsicherheit und der Preis. Aus der Sicht des Lieferanten (KN/K→L) besteht der Kundennutzen aus den zukünftigen finanziellen Rückflüssen der konsumierten Services. Ebenfalls fallen unter den Nutzen des Lieferanten Cross- und Up-Selling-Potenziale, und nicht direkt bewertbare Nutzenpotenziale wie Referenz- oder Empfehlungsbeiträge der Kunden. Handelt es sich letztendlich um innovative und von anderen Konkurrenten differenzierte Services, die einen größeren Kundennutzen übermitteln, so kann ein Unternehmen somit seine Kunden begeistern und langfristig an sich binden.[29]

---

[28] Vgl. Dahm, Markus, Thode, Stefan, Strategie und Transformation im digitalen Zeitalter: Inspiration für Management und Leadership, S. 246.

[29] Vgl. Dahm, Markus, Thode, Stefan, Strategie und Transformation im digitalen Zeitalter: Inspiration für Management und Leadership, S. 245 f.

Enterprise-Services

Der IT-Bereich hat mit der Einführung von IT-Service-Management bewiesen, dass durch ein ITSM die IT-Services nicht nur im Betrieb verwaltet werden können. Darunter fallen die Entwicklung, die Bereitstellung und die Verwaltung von IT-Ressourcen im Unternehmen. Somit kann der IT-Bereich als Vorbild für die Einführung eines Servicemanagements für andere Unternehmensbereiche übernommen werden, insbesondere im innerbetrieblichen Leistungsaustausch. Jedoch unter der Voraussetzung, dass sämtliche externe Partner mit einbezogen werden.[30] [31]

Trotz komplexer Anforderungen ist das Ziel jedes Unternehmens, den Kunden mit dem passenden Service zufrieden zu stellen. Mit der Einführung von Enterprise-Services auf der Integrationsebene der Unternehmensarchitektur, können Service- und Prozessabläufe im Unternehmen vereinfacht und transparenter gestaltet werden. Die Enterprise-Services wurden entwickelt, um Flexibilität bzw. Agilität zu gewährleisten. Somit können Enterprise-Services als Leistungsaustausch zwischen den Unternehmen, den Kunden, den Lieferanten und den innerbetrieblichen Leistungsprozessen genutzt werden. Im folgenden Kapitel wird beschrieben, wie die Enterprise-Services durch ein Enterprise Service Management für alle Business-Zweige im Unternehmen umgesetzt werden können.[31] [32] [33]

---

[30] Vgl. Pfliegl, Konstantin, Alles im Unternehmen wird zum Service.

[31] Vgl. Dahm, Markus, Thode, Stefan, Strategie und Transformation im digitalen Zeitalter: Inspiration für Management und Leadership, S. 244 f.

[32] Vgl. Schelp, Joachim, Winter Robert, Wirtschaftsinformatik: Entwurf von Anwendungssystemen und Entwurf von Enterprise Services – Ähnlichkeiten und Unterschiede, S. 11.

[33] Vgl. Pfliegl, Konstantin, Vorteile eines ESM: Alles im Unternehmen wird zum Service.

Einführung in das Enterprise Service Management

Dieser Abschnitt orientiert sich an verschiedenen Aspekten in Bezug auf die Digitalisierung von Unternehmen. Diese Aspekte wurden von der Digitalisierungsinstanz zu einem generischen Befähigungsmodell (vgl. Abbildung 34) zusammengeführt, welches die wichtigsten Punkte für den Weg in die Digitalisierung aufzeigt.[34] Im Folgenden wird auf die einzelnen Punkte des Befähigungsmodells eingegangen, um Enterprise Service Management im Unternehmen einführen und nutzen zu können.

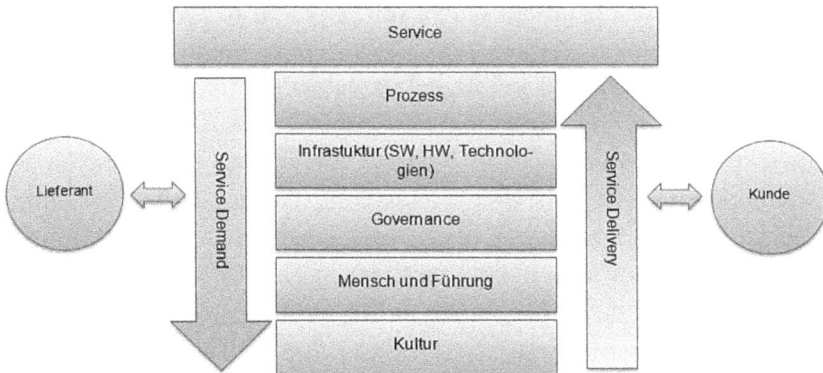

Abbildung 34: Befähigungsmodell der Digitalisierungsallianz [34]

Prozesse & Services

Das Enterprise Service Management unterscheidet sich von dem klassischen Ansatz des Unternehmens-Management. So liegt bei dem klassischen Ansatz der Fokus auf der Erbringung der fundamentalen Funktionen, um Wirtschaftlichkeit und Gewinnmaximierung in einem Unter-

---

[34] Vgl. Dahm, Markus, Thode, Stefan, Strategie und Transformation im digitalen Zeitalter: Inspiration für Management und Leadership, S. 247.

nehmen zu erzielen.[35] Im Enterprise Service Management hingegen, werden neue Prozesse und Services benötigt, welche sich auf den Kunden beziehen. Bei diesen neuen Prozessen muss der Kunde im Mittelpunkt stehen, sodass nicht nur das Produkt oder die Dienstleistung zum Mehrwert des Unternehmens beitragen, sondern der Kunde selbst. Nur wenn der Prozess vollständig auf den Kunden ausgerichtet ist, trägt dieser zum langfristigen Erfolg des Unternehmens bei.[35]

Die oberste Priorität bei der Entwicklung neuer Geschäftsprozesse ist die Kontinuität der vorhandenen Prozesse, sodass der laufende Betrieb nicht gestört wird. Deshalb werden neue Geschäftsprozesse nicht im operativen Geschäftsumfeld entwickelt, sondern in sogenannten „Service-Design-Thinking"-Workshops.[37] Der Fokus bei diesen Workshops liegt darauf, einen auf den Kunden angepassten Prozess bzw. Service zu entwickeln. Dabei soll möglichst schnell eine lauffähige Lösung entwickelt werden, welche in weiteren Iterationen ausgearbeitet und verfeinert wird. Dies lässt sich unter anderem auf agiles Projektmanagement zurückführen, bei denen möglichst schnell ein „Minimum Viable Product" (MVP) erstellt wird, um so Kundenfeedback zu einem frühen Zeitpunkt der Entwicklung einzubinden. Unternehmen mit modernen Geschäftsstrukturen sind bereits heute in der Lage angepasste Services nach wenigen Tagen oder sogar Stunden zu veröffentlichen.[37]

Kunden und Lieferanten

Bei der Einführung von Enterprise Service Management steht der Kunde im Mittelpunkt. Dabei sollen Absatz- & Beschaffungsbeziehungen

---

[35] Vgl. Arentzen, Ute et al., Gabler Wirtschafs-Lexikon, S. 2328.
[36] Vgl. Dahm, Markus, Thode, Stefan, Strategie und Transformation im digitalen Zeitalter: Inspiration für Management und Leadership, S. 248.
[37] Vgl. Dahm, Markus, Thode, Stefan, Strategie und Transformation im digitalen Zeitalter: Inspiration für Management und Leadership, S. 247.

um partnerschaftliche Aspekte erweitert werden. Durch die neu gewonnenen Aspekte können Services besser auf die Ansprüche der Kunden angepasst werden.[37]

Dabei kann es sein, dass die neu eingeführten Services nicht direkt Erträge erwirtschaften. Der Kundennutzen muss dabei ganzheitlich betrachtet werden, so kann die Serviceleistung nicht direkt in die Rentabilitätsrechnung einfließen. Zur Errechnung des Kundennutzens müssen ökonomische Verfahren wie z.B. die „Discounted-Cashflow-Analyse" herangezogen werden. Bei diesem Verfahren werden Investitionskosten, Zahlungsströme und voraussichtliche Zahlungsströme über die gesamte Laufzeit des Kunden berücksichtigt und analysiert.[38]

Durch den Technologiefortschritt steigen die Kundenanforderungen kontinuierlich. Dabei müssen sich Unternehmen stetig diesen Anforderungen anpassen und neue Services bereitstellen. Eine Form von Service-Bereitstellung ist das sogenannten „Selfservice-Portal", dabei kann der Kunde die Services selbständig und meistens ohne menschliche Interaktion nutzen. Um den Kunden die Nutzung des Portals zu vereinfachen, bieten die „Selfservice-Portale" heutzutage Funktionen wie Chatbots, Google ähnliche Suchanfragen oder Amazon ähnliche Bestellungen.[39]

Unternehmenskultur

Um sich den stetig ändernden Kundenwünschen anzupassen, ist ein Paradigmenwechsel der Unternehmenskultur erforderlich. Auch hier bietet das agile Projektmanagement Ansätze, welche sich auf das Unternehmen projizieren lassen. Dabei steht der Agile Ansatz mit dem Motto „Einfach mal machen" im Mittelpunkt. Durch stetige Änderun-

---

[38] Vgl. Hölscher, Reinhold et al., Discounted-Cashfow-Verfahren.
[39] Vgl. Pfliegl, Konstantin, Selfservice-Portale: Alles im Unternehmen wird zum Service.

gen an den Unternehmensdiensten können auch Fehler entstehen, dabei gilt es diese zu „feiern" und als Erkenntnisgewinn zu dokumentieren.[40] Diese Kultur bietet den Vorteil der kontinuierlichen Selbsterneuerung von Unternehmen, so kann auch in Zukunft schnell und flexibel auf die Veränderungen des Kunden eingegangen werden. Dabei müssen Änderungen im Unternehmen analysiert und bewertet werden, ob der gewünschte Mehrwert für den Kunden erzielt wurde. Bei der Restrukturierung steht die Unternehmenskultur im Mittelpunkt, erst nachfolgend sollten Faktoren wie Infrastruktur oder Services und Prozesse betrachtet werden.[40]

Mensch und Führung

Die Mitarbeiter müssen dem Wandel gegenüber positiv gestimmt sein, nur so können Prozesse und Services mit Fokus auf den Kunden erstellt und betrieben werden. Da Mitarbeiter meistens intrinsisch gesteuert sind, bieten sich hierfür besonders motivationsfördernde Führungsstile an, um den Mitarbeiter positiv gegenüber dem Wandel zu stimmen.[41]

Die Übertragung von Verantwortungen führt zu Leistungsverbesserung der Mitarbeiter.[41] Mit der Einführung von „Service-Ownerships", wird dem Mitarbeiter die Verantwortung eines speziellen Service zugewiesen. Dadurch ist dieser gewillt dem Kunden gegenüber eine gute Serviceleistung zu erbringen.

---

[40] Vgl. Dahm, Markus, Thode, Stefan, Strategie und Transformation im digitaler. Zeitalter: Inspiration für Management und Leadership, S. 248 f.

[41] Vgl. Dahm, Markus, Thode, Stefan, Strategie und Transformation im digitalen Zeitalter: Inspiration für Management und Leadership, S. 249.

ESM - Governance

Governance beschäftigt sich mit Steuerung von Aufgaben, Kompetenzen, Verantwortlichkeiten und den dazugehörigen Methoden, die für
Problemlösungen eingesetzt werden.[42] Dabei gibt Governance Prinzipien und Restriktionen vor, womit das opportunistische Verhalten der
Akteure eingeschränkt wird. Der Zusammenhang zwischen Governance
und Unternehmenserfolg erscheint plausibel, dieser ist jedoch durch die
hohe Wechselwirkung der einzelnen Systemelemente nur schwer zu
belegen. Die folgenden beispielhaft ausgewählten Aufgabenbereiche,
sollen die verschiedenen Aspekte von ESM-Governance verdeutli-
chen.[43]

Methoden und Verfahren

Das oberste Ziel für ein erfolgreiches Unternehmen ist eine kontinuierliche Verfügbarkeit von Services. Sollte beispielsweise ein Mitarbeiter
keinen Zugriff auf die benötigten Services haben, so können Aufgaben
gegenüber Kunden und Lieferanten nicht fristgerecht sichergestellt
werden. Die Bereitstellung von Frameworks und Best Practices kann zu
einer Verbesserung von Services führen. Des Weiteren können kreative
Ansätze zur Serviceentwicklung behilflich sein, um Verbesserungen an
vorhandenen oder neuen Services vorzunehmen.[44]

Risikomanagement

Die hohe Komplexität von Unternehmensstrukturen kann zu unterschiedlichen Problemen führen. Für die frühzeitige Bewertung und
Vorbeugung von Risiken ist ein Risikomanagement unerlässlich. Auch

---

[42] Vgl. Knolmayer, Gerhard et al., IT-Governance.
[43] Vgl. Werder, Axel, Corporate Governance.
[44] Vgl. Dahm, Markus, Thode, Stefan, Strategie und Transformation im digitalen Zeitalter: Inspiration für Management und Leadership, S. 250.

das ITIL-Framework sieht Risikomanagement als einen wichtigen Bereich an, welcher in dem Prozess " IT Security Management, IT Service Continuity Management" definiert wird. Außerdem sind börsenorientierte Unternehmen gesetzlich dazu verpflichtet ein Risikomanagement zu betreiben. Somit müssen die Sicherheitsanforderungen dem Wachstum von digitalen Services gerecht werden.[45]

Compliance

Der Begriff Compliance definiert sich wie folgt: "Compliance steht für die Übereinstimmung des wirtschaftlichen Handelns mit sämtlichen für das jeweilige Unternehmen relevanten gesetzlichen Pflichten, Vorschriften bzw. Regeln sowie für die Einhaltung unternehmensinterner Richtlinien".[46] Durch die Einführung der neuen Europäischen Datenschutz-Grundverordnung (EU-DSGVO), sind die Anforderungen an die Unternehmen besonders gewachsen, da die Nichtbefolgung zu hohen gesetzlichen Strafen führt. Ebenfalls können nicht genau definierte Services seitens der Finanzämter, zu steuerlichen Nachforderungen führen.[47] Aus den oben genannten Gründen wird Compliance im Unternehmen benötigt, um sich frühzeitig auf gesetzliche und wirtschaftliche Änderungen anzupassen.

Projektmanagement

Um den Kundenwünschen in einem sich immer verändernden Markt gerecht zu werden, reichen die traditionellen Projektmanagementmethoden nicht mehr aus, da diese nicht genug Flexibilität mit sich bringen. Es sollten somit Steuerungsmodelle entwickelt werden, die eine Planung mit maximaler Flexibilität beinhalten, ohne dass die Steuerung

---

[45] Vgl. Dahm, Markus, Thode, Stefan, Strategie und Transformation im digitalen Zeitalter: Inspiration für Management und Leadership, S. 250.

[46] Vgl. Teuteberg, Frank, Compliance.

[47] Vgl. Dahm, Markus, Thode, Stefan, Strategie und Transformation im digitalen Zeitalter: Inspiration für Management und Leadership, S. 250.

darunter leidet. Durch Einschränkungen der Unternehmensführung können die Services gesteuert werden. Beispielsweise können pauschale Budgets als eine Einschränkung innerhalb eines Projekts dienen. Auch agile Methoden wie "Scrum" eignen sich für die Entwicklung von Servicepaketen, die in den Sprints getestet und betrachtet werden können.[48] Diese Servicepakete können im Vergleich zu traditionellen Projekten flexibler, transparenter und mit weniger Risiken entwickelt werden.

Finanzen und Controlling

Betriebswirtschaftliche Aspekte wie finanzielle Budgets entscheiden oft, ob ein Service im Rahmen eines Projekts eingeführt wird. Anstatt von Beginn an ein vordefiniertes Budget festzulegen, sollten qualitative Ziele in Zusammenarbeit mit Serviceverantwortlichen definiert und finanziell flexible Orientierungswerte festgelegt werden.

Personalmanagement

Fragen der Personalentwicklung, stehen im Fokus des Personalmanagements. Insbesondere durch Veränderungen der technologischen Möglichkeiten ergeben sich Chancen für neue Arbeitszeitmodelle.[49] Auch das Personalmanagement wird sich zukünftig mit neuen Services beschäftigen müssen, um den neuen internen und externen Anforderungen gerecht zu werden.

Performancemanagement und Kennzahlen

Neben den finanziellen Faktoren muss auch die Performance eines Services kontinuierlich betrachtet und evaluiert werden. Kennzahlen kön-

---

[48] Vgl. Dahm, Markus, Thode, Stefan, Strategie und Transformation im digitalen Zeitalter: Inspiration für Management und Leadership, S. 250 f.
[49] Vgl. Dahm, Markus, Thode, Stefan, Strategie und Transformation im digitalen Zeitalter: Inspiration für Management und Leadership, S. 251 f.

nen dabei helfen, die Performance messbar darzustellen. Die Leistungs-indikatoren müssen dabei mit der Einbindung aller relevanten Beteilig-ten von Unternehmen zu Unternehmen individuell definiert werden.[49]

Infrastruktur und Einführung

Bei der Infrastruktur handelt es sich um Soft- sowie Hardware und die damit verbundenen Werkzeuge, die zur Unterstützung der Services benötigt werden. [50]

Schon heute können Services modular und nach Bedarf konfiguriert werden, um die Automatisierung zu unterstützen. Als Beispiel kann der Zukauf von Services aus der Cloud dienen. Es gibt unterschiedliche Anbieter die Softwarelösungen On-Premise oder aus der Cloud anbie-ten. Die Abbildung 35 zeigt die Top 20 ESM-Anbieter.

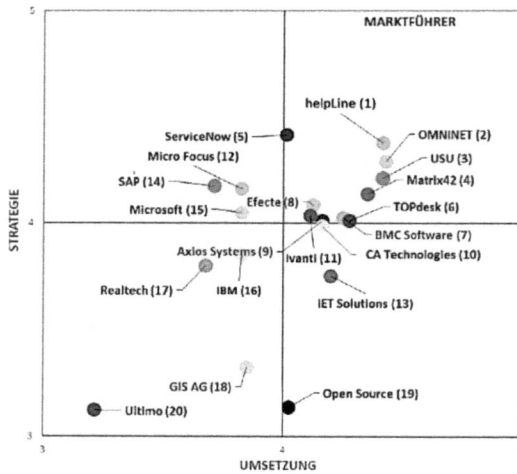

Abbildung 35: Top 20 ESM-Anbieter (2018)[51]

---

[50] Vgl. Dahm, Markus, Thode, Stefan, Strategie und Transformation im digitalen Zeitalter: Inspira-tion für Management und Leadership, S. 252.

Für eine erfolgreiche Einführung ist die Transparenz und Standardisierung der Geschäftsprozesse ausschlaggebend. Dabei können flexible Servicekataloge, Wissensdatenbanken und externe Berater eingesetzt werden. Die Transformation sollte mit einfachen Prozessen starten, um die Akzeptanz der Mitarbeiter für die neu eingeführten Tools zu erreichen.[52]

Fazit

Die zunehmende Digitalisierung setzt die Unternehmen unter Druck, ihre Services schneller, besser und automatisiert an die jeweiligen Markt- und Kundensituationen anzupassen. Services sind in der IT und dem IT-Service-Management lange erprobt und können als Vorbild für andere Prozesse IT-fremder Abteilungen dienen. Jedoch steckt Enterprise Service Management erst in den Kinderschuhen und viele Unternehmen haben andere Themen wie beispielsweise Cloud-Computing höher priorisiert. Dies wird deutlich, da erst 31% aller Unternehmen, der Studie der IDG Research und USU, begonnen haben ihre Geschäftsprozesse im großen Stil zu automatisieren.[53] Trotzdem wird eine Fokussierung auf Enterprise Services in Zukunft für Unternehmen essenziell sein, um sich weiter am digitalen Wettbewerb behaupten zu können. [54]

Für die Einführung eines Enterprise Service Managements muss das Unternehmen bereit sein, in diesen Bereich zu investieren und eine klare Strategie des Managements besitzen, denn durch ESM wird abtei-

[51] Siehe Mendel, Thomas, Vendor Selection Matrix – IT und Enterprise Service Management.
[52] Vgl. Pfliegl, Konstantin, ESM-Einführung: Alles im Unternehmen wird zum Service.
[53] Vgl. Maurer, J., (2019) Enterprise Service Management steht erst am Anfang.
[54] Vgl. Dahm, Markus, Thode, Stefan, Strategie und Transformation im digitalen Zeitalter: Inspiration für Management und Leadership, S. 254.

lungsübergreifend agiert. Darüber hinaus muss den Unternehmen bewusst sein, dass eine Software kein "Allheil-Mittel" ist, sondern die Organisation muss für Enterprise Service Management ausgerichtet sein. Der Trend in Richtung ESM und der Konsens in die Serviceorientierung in der Breite sind deutlich anzusehen und werden über die nächsten Jahre immer bedeutender. [55]

---

[55] Vgl. Schulz, B., (2018) Unternehmen denken in Services.

Verwendete und weiterführende Literatur

Arentzen, Ute und Winter, Egger. *Gabler-Wirtschafts-Lexikon.* Springer, 2013.

Böhmann, Tilo, Markus Warg und Peter Weiß. *Service-orientierte Geschäfts-modelle: Erfolgreich umsetzen.* Berlin - Heidelberg: Springer-Verlag, 2013.

Dahm, Markus und Thode, Stefan. *Strategie und Transformation im digitalen Zeitalter: Inspirationen für Management und Leadership.* Berlin-Heidelberg: Gabler Verlag, 2018.

Hölscher, Reinhold und. Helms, Nils. Discounted-Cashflow-Verfahren. Abgerufen am: 09.02.2019. https://wirtschaftslexikon.gabler.de/definition/discounted-cashflow-verfahren-54535/version-277564.

Knolmayer, Gerhard, Loosli Gabriela, Asprion Petra Maria: Compliance. Abgerufen am: 08.02.2019. http://www.enzyklopaedie-der-wirtschaftsinformatik.de/lexikon/daten-wissen/Grundlagen-der-Informationsversorgung/IT-Governance/index.html.

Maurer, Jürgen. *Enterprise Service Management steht erst am Anfang.* Abgerufen am 04.02.2019. https://www.computerwoche.de/a/enterprise-service-management-steht-erst-am-anfang,3546424.

Mendel, Thomas. Vendor Selection Matrix - IT und Enterprise Service Management SaaS und Software: Die Top 20 Anbieter in Deutschland 2018. http://www.researchinaction.de/index.php/research/23-research-2018-deutsch/74-2018-1-vendor-selection-matrix-it-und-enterprise-service-management-saas-und-software-die-top-20-anbieter-in-deutschland-2018

Ostler, Ulrike. *88 von 100 Unternehmen wollen demnächst in ITSM und ESM investieren.* Abgerufen am 04.02.2019. https://www.datacenter-insider.de/88-von-100-unternehmen-wollen-demnaechst-in-itsm-und-esm-investieren-a-794401/.

Enterprise Service Management

Pfliegl, Konstantin. *Alles im Unternehmen wird zum Service.* Abgerufen am: 03.02.2019. https://www.com-magazin.de/praxis/business-it/im-unternehmen-service-1573242.html?page=2_selfservice-portale.

Rohrer, A. und Söllner, D. *IT-Service-Management mit FitSM: Ein praxisorientiertes und leichtgewichtiges Framework für die IT.* Heidelberg: dpunkt.verlag, 2017.

Schelp, Joachim und Winter, Robert. *Wirtschaftsinformatik: Entwurf von Anwendungssystemen und Entwurf von Enterprise Services*, Wiesbaden: Viewer Verlag, 2008

Schulz, Benjamin. *Unternehmen denken in Services:* Abgerufen am: 09.02.2019. https://www.cio.de/a/unternehmen-denken-in-services,3545960

Teuteberg, Frank: *Compliance.* Abgerufen am: 04.02.2019. http://www.enzyklopaedie-der-wirtschaftsinformatik.de/lexikon/daten-wissen/Grundlagen-der Informationsversorgung/Compliance/index.html/.

Werder, Axel. *Corporate Governance*: Abgerufen am: 08.02.2019. https://wirtschaftslexikon.gabler.de/definition/corporate-governance-28617.

164

ITSM und IT-Sicherheit/Datenschutz

Autoren: Sarah Brokmeier und Robin Scheel

Einleitung

Standards, Best Practices und Normen sollen Unternehmen und Behörden dabei helfen, dass gleichartige Prozesse und Vorgehen, die von vielen genutzt werden, vereinheitlicht werden. Durch diese Vereinheitlichung ist es allen Marktteilnehmern möglich, sich auf die aus den Prozessen resultierenden Produkte oder Dienstleistungen zu verlassen. Dabei sind in den letzten Jahrzehnten viele Standards entwickelt worden, die alle einen mehr oder weniger berechtigten Anspruch auf Gültigkeit besitzen. Unternehmen und Behörden können sich nach bestimmten Standards zertifizieren lassen, um ihren Geschäftspartnern damit zu signalisieren, dass die Produkte bzw. Dienstleistungen sowie das Unternehmen an sich gewissen Richtlinien folgen.

Natürlich erlässt auch der Gesetzgeber Gesetze und Verordnungen, um Unternehmen und Behörden bindende Vorgaben in Bezug auf bestimmte Themenbereiche zu machen.

Von Zeit zu Zeit steht diese Vielzahl von Standards und Gesetzen im gegenseitigen Konflikt zueinander, da sie unterschiedliche Ziele verfolgen oder ihre Ziele auf verschiedene Weisen zu erreichen versuchen.

Im Idealfall besitzen sie jedoch Synergien, welche ihr gleichzeitiges Umsetzen vereinfachen. Diese können darin bestehen, dass sie gemeinsam z.B. den Datenschutz oder die Informationssicherheit allgemein verbessern. Somit können Richtlinien leichter eingehalten und Zertifikate schneller und kostengünstiger erworben werden. Oft ist es jedoch

165

nicht auf den ersten Blick ersichtlich, welche Richtlinien solche Synergieeffekte aufweisen.

Diese Ausarbeitung behandelt daher die Datenschutz Grundverordnung (DSGVO) und den IT-Grundschutz des Bundesamts für Sicherheit in der Informationstechnik (BSI) und untersucht in diesem Zusammenhang Synergieeffekte, die sich zwischen den genannten Richtlinien und ITIL ergeben. ITIL wurde repräsentativ für das Umsetzen von IT-Service-Management (ITSM) ausgewählt.

ITIL ist formal bekannt als Information Technology Infrastructure Library. Sie bietet eine Reihe von Richtlinien und Best Practices für ITSM. ITIL setzt den Fokus dabei auf das Ausrichten von IT-Services auf die Bedürfnisse von Unternehmen und unterstützt diese in ihren Kernprozessen. Sie gliedert IT-Services in fünf Hauptprozesse: „Service Strategy", „Service Design", „Service Transition", „Service Operation" und „Continual Service Improvement".

Im Folgenden wird zunächst der Zusammenhang zwischen ITIL und dem IT-Grundschutz des BSI untersucht. Dafür wird ein Überblick gegeben, was der IT-Grundschutz ist und wie er aufgebaut ist. Anschließend werden Synergieeffekte zwischen dem IT-Grundschutz und ITIL dargelegt, wobei das Hauptaugenmerk auf solchen liegt, die im Bereich des Service Designs von ITIL zu finden sind, da hier die Überschneidungen am deutlichsten sind.

Anschließend wird die DSGVO vorgestellt und der Zusammenhang zwischen ihr und der Umsetzung von ITIL dargelegt.

IT-Grundschutz und ITIL

Im Folgenden soll der IT-Grundschutz des BSIs herangezogen werden, um zu untersuchen, inwiefern die Umsetzung von ITIL und des IT-Grundschutzes Synergien aufweisen. Dies ist insbesondere für das Management von Interesse, da dies dafür verantwortlich ist, dass Standards in ihrem Unternehmen eingeführt werden. Dafür soll zunächst der IT-Grundschutz kurz vorgestellt werden. Anschließend werden seine Inhalte auf Gemeinsamkeiten mit ITIL untersucht, wobei insbesondere auf den „Information Security Management" Prozess eingegangen wird. Durch solche Synergien können z.B. Doppelarbeiten vermieden oder zumindest vermindert werden.

Grundlagen zum IT-Grundschutz

Der IT-Grundschutz stellt eine Methodik dar, in der ein Rahmenwerk zur Einführung eines Sicherheitsmanagements geboten wird. Dabei werden konkrete Empfehlungen bzgl. Maßnahmen gegeben, welche umgesetzt werden sollten, um ein solides Sicherheitsmanagement zu gewährleisten. Darüber hinaus deckt der IT-Grundschutz *„nicht nur technische, sondern auch organisatorische, personelle und infrastrukturelle Aspekte ab."*[1] Damit stellt er eine Vorgehensweise dar, mit deren Hilfe verschiedene Schutzniveaus erreicht werden können, die individuell auf die Unternehmenssituation angepasst werden können. Er ist kostenlos für alle Institutionen erhältlich.[2]

Der IT-Grundschutz ist zwar von einem Bundesamt verfasst worden, er soll jedoch nicht nur Behörden, sondern auch kleinen, mittleren und großen Unternehmen aus der Wirtschaft als Maßstab dienen. Auch deshalb ist er so konzipiert, dass er mit der international anerkannten Informationssicherheitsnorm ISO 27001 kompatibel ist. Der IT-Grundschutz wurde zuletzt im Jahr 2017 modernisiert und an neue Entwicklungen der Informationssicherheit angepasst. Die Modernisierung erfolgte, um die Skalierbarkeit an die Unternehmensgröße und den

---

[1] BSI, Überblick über IT-Grundschutz – Entscheidungshilfe für Manager, S. 13
[2] Vgl. BSI, Überblick über IT-Grundschutz – Entscheidungshilfe für Manager, S. 13f

Schutzbedarf einzelner Institutionen anzupassen. Zudem sollte eine Flexibilisierung der Vorgehensweise erreicht werden. Durch diese ist anzunehmen, dass Sicherheitsmaßnahmen schneller umgesetzt werden können.[3]

Der IT-Grundschutz lässt sich in zwei Bereiche unterteilen: BSI-Standards und IT-Grundschutz-Kompendium. Die BSI-Standards sind das Fundament und enthalten Empfehlungen zu Methoden, Vorgehensweisen, Maßnahmen und Prozessen. Es gibt zurzeit drei BSI-Standards. Ihr Aufbau ist ähnlich, um dem Anwender das Zurechtfinden in den Dokumenten zu erleichtern.[4] Sie decken eine große Breite verschiedener Bereiche aus der Informationssicherheit ab. So werden im ersten Standard allgemeine Anforderungen an Managementsysteme für Informationssicherheit (ISMS) beschrieben. Darauf aufbauend beinhaltet der zweite Standard Hilfestellungen, ein solches ISMS aufzubauen.[5] Der dritte BSI-Standard enthält gebündelt die Schritte, die nötig sind, um den IT-Grundschutz umzusetzen, und die, die ein gewisses Risiko beinhalten.[6]

Neben den BSI-Standards ist das IT-Grundschutz-Kompendium der zweite wichtige Bestandteil des IT-Grundschutzes. Dieses enthält die Grundschutzbausteine. Die Bausteine dienen dazu, dass der Anwender eine *„konkrete Empfehlung zur Umsetzung der IT-Grundschutz-Methodik"*[7] erhält.

Das IT-Grundschutz-Kompendium soll ab 2018 jedes Jahr aktualisiert werden. Im Vergleich zu 2018, in dem insgesamt 80 IT-Grundschutz-Bausteine vorhanden waren, wurde es 2019 auf 94 Bausteine erhöht.

---

[3] Vgl. BSI, IT-Grundschutz – Motivation und Ziele der Modernisierung des IT-Grundschutzes
[4] Vgl. BSI, IT-Grundschutz – BSI-Standards
[5] Vgl. BSI, IT-Grundschutz – Das Original in der Informationssicherheit
[6] Vgl. BSI, IT-Grundschutz – Das Original in der Informationssicherheit
[7] BSI, IT-Grundschutz – Das Original in der Informationssicherheit

Zudem wurden 36 der alten Bausteine überarbeitet. Die Anforderungen, welche zum Umsetzen der Bausteine benötigt werden, sind dabei immer auf den aktuellen Stand der Technik zugeschnitten.[8]

Die Bausteine des IT-Grundschutz-Kompendiums unterteilen Anforderungen an die Absicherung in Basis-, Kern- und Standardabsicherung. Die Bausteine lassen sich außerdem in system- und prozessorientierte Bausteine unterteilen.

Die prozessorientierten Bausteine beinhalten die Schichten „Managementsysteme für Informationssicherheit" (ISMS), „Organisation und Personal" (ORP), „Konzepte und Vorgehensweisen" (CON), „Betrieb" (OPS) und „Detektion und Reaktion" (DER).

Die systemorientierten Bausteine hingegen umfassen die Schichten „Infrastruktur" (INF), „Netze und Kommunikation" (NET), „IT-Systeme" (SYS), „Anwendungen" (APP) und „Industrielle IT" (IND).

Die Bausteine beinhalten jeweils eine Beschreibung des Themas und des Ziels, mit dem sich der Baustein befasst. Des Weiteren werden Bausteine mit ähnlichen Inhalten voneinander abgegrenzt und ein kurzer Überblick über die Gefährdungslage des jeweiligen Bereichs gegeben. *„Die konkreten Sicherheitsanforderungen für die Basis-, Standard- und Kern-Absicherung bilden den Hauptteil."*[9]

Das IT-Grundschutz-Kompendium wurde mit der Aktualisierung in 2017 eingeführt und entspricht den vorherigen IT-Grundschutz-Katalogen. Die Änderung sollte eine bessere Strukturierung und Verschlankung erreichen.[10]

---

[8] Vgl. BSI, IT-Grundschutz-Kompendium – Edition 2019
[9] BSI, BSI-Standard 200-2 – IT-Grundschutz-Methodik, S. 13
[10] Vgl. BSI, IT-Grundschutz – Motivation und Ziele der Modernisierung des IT-Grundschutzes

Im überarbeiteten IT-Grundschutz wurden außerdem die IT-Grundschutz-Profile eingeführt. Dies sind von Unternehmen oder Behörden erstellte Anwendungsfälle, die für andere Nutzer zur Verfügung gestellt werden. So können Anwender mit ähnlichen Anforderungen das Profil als Vorlage für die eigene Umsetzung des IT-Grundschutzes nutzen. Daher sind in einem IT-Grundschutz-Profil die „einzelnen Schritte eines Sicherheitsprozesses für einen definierten Anwendungsbereich dokumentiert [...].“[11] Derzeit sind jedoch erst fünf IT-Grundschutzprofile veröffentlicht worden.[12]

Zusammenhänge zwischen IT-Grundschutz und ITIL

ITIL ist kompatibel zu der zweiteiligen Norm ISO/IEC 20000 und definiert in der Phase „Service Design" den Prozess „Information Security Management" (ISM). Dieser hat das Ziel, dass die Informationssicherheit und die Geschäftssicherheit miteinander abgestimmt werden. Hierbei soll für alle Service- und Service-Management-Aktivitäten der effektive Umgang mit Informationssicherheit gewährleistet werden.[13]

Dabei werden Investitionen in Informationssicherheit anhand der Unternehmensstrategie und vereinbarter Risikoprofile ausgerichtet.[14] Eine der wichtigsten Aktivitäten des ISM-Prozesses ist das Erstellen und Pflegen einer Security Policy, welche zum Ziel hat Sicherheitsrichtlinien zu definieren. Dieses wird im IT-Grundschutz mittels des BSI-Standards 200-1 umgesetzt. Hier wird das Dokumentieren der Sicherheitsstrategie mittels einer Leitlinie zur Informationssicherheit gefordert. Diese Leitlinie soll dabei mindestens die folgenden Themen beinhalten:

---

[11] BSI, IT-Grundschutz – IT-Grundschutz-Profile
[12] Vgl. BSI, IT-Grundschutz – Übersicht über IT-Grundschutz-Profile
[13] Vgl. Kamphenkel Kai, ITIL und Informationssicherheitssysteme nach ISO 27001
[14] Vgl. Kamphenkel Kai, ITIL und Informationssicherheitssysteme nach ISO 27001

- *„Stellenwert der Informationssicherheit und Bedeutung der wesentlichen Informationen, Geschäftsprozesse und der IT für die Aufgabenerfüllung,*
- *Bezug der Informationssicherheitsziele zu den Geschäftszielen oder Aufgaben der Institution,*
- *Sicherheitsziele und die Kernelemente der Sicherheitsstrategie für die Geschäftsprozesse und die eingesetzte IT,*
- *Zusicherung, dass die Sicherheitsleitlinie von der Institutions-leitung durchgesetzt wird, sowie Leitaussagen zur Erfolgskon-trolle und*
- *Beschreibung der für die Umsetzung des Informationssicher-heitsprozesses etablierten Organisationsstruktur. "*[15]

Eine weitere Aktivität bei ITIL ist das Bewerten und Klassifizieren von Information Assets.[16] Unter Punkt 5, „Dokumentation im Sicherheits-prozess", wird im IT-Grundschutz die Klassifikation von Informationen aufgeführt. Dafür wird ein für die Institution einheitliches Klassifikati-onsschema vorgeschlagen, um den Informationsaustausch bereichs-übergreifend zu vereinfachen. Dabei schlägt das BSI vor, dass die In-formationen auf Grundlage der Vertraulichkeit, der Integrität und der Verfügbarkeit klassifiziert werden sollten. Zum Klassifizieren von In-formationen sollten zudem geeignete Rollen definiert werden, die ver-schiedene Aufgaben im Prozess der Klassifikation erhalten.[17]

ITIL setzt zudem eine Überwachung von Sicherheitsvorfällen innerhalb eines etablierten „Incident Management" Prozesses voraus, um inner-halb dessen die sicherheitsrelevanten Vorfälle zu klassifizieren und Sicherheitsvorfälle zu verfolgen.[18]

---

[15] BSI, BSI-Standard 200-1, S. 28
[16] Vgl. Kamphenkel Kai, ITIL und Informationssicherheitssysteme nach ISO 27001
[17] Vgl. BSI, Standard 200-2, S.52 ff.
[18] Vgl. Kamphenkel Kai, ITIL und Informationssicherheitssysteme nach ISO 27001

Der IT-Grundschutz schreibt Maßnahmen vor, mittels derer Fehler in der Verarbeitung von Informationen, Sicherheitsvorfälle und sicherheitskritische Fehlhandlungen möglichst verhindert werden. Dazu gehören demnach alle Fehler und Vorfälle, die die Vertraulichkeit, Integrität oder Verfügbarkeit der Informationen beeinträchtigen. Diese Maßnahmen sollen mindestens dazu dienen ihre Auswirkungen zu minimieren oder frühzeitig zu erkennen. *„Zur frühzeitigen Erkennung von Sicherheitsproblemen können beispielsweise Tools zu System- und Netzüberwachungen, Integritätsprüfungen, die Protokollierung von Zugriffen, Aktionen oder Fehlern, die Kontrolle des Zutritts zu Gebäuden und Räumen oder Brand-, Wasser- bzw. Klimasensoren beitragen."*[19]

Darüber hinaus muss die Handhabung mit oben genannten Fehlern dokumentiert werden. Zu dieser Dokumentation sollen die ergriffenen Maßnahmen, ihre Auswirkungen und mögliche resultierende Folgemaßnahmen gehören. Zum Erkennen von Fehlern müssen die Aufzeichnungen und Protokolle der Detektionen in regelmäßigen Abständen ausgewertet werden.

Zudem muss eine Überprüfung durchgeführt werden, ob alle im Sicherheitskonzept vorgesehenen Maßnahmen eingehalten werden. Zu diesen gehören sowohl die technischen als auch die organisatorischen Sicherheitsmaßnahmen. In diesem Zusammenhang soll auch überprüft werden, ob die Personen, denen bestimmte wichtige Rollen zukommen, ihren Verpflichtungen nachkommen.

Darüber hinaus muss regelmäßig geprüft werden, ob die Sicherheitsmaßnahmen überhaupt geeignet sind, um die Vorgaben aus dem Sicherheitskonzept zu erfüllen. Dazu bietet es sich an, dass zurückliegende Sicherheitsvorfälle ausgewertet, Mitarbeiter befragt oder Penetrationstests durchgeführt werden. Außerdem ist es wichtig, dass während

---

[19] BSI, BSI-Standard 200-1, S. 37

der Überprüfung auch kontrolliert wird, ob die eingesetzten Maßnahmen durch ressourcenschonendere Maßnahmen ersetzt werden können.[20]

Weitere Synergieeffekte zwischen dem Einsatz von ITIL und dem IT-Grundschutz ergeben sich über die oben genannten hinaus. Zu diesen gehören weitere Synergien in den Bereichen des Service Designs, der Service Strategy, der Service Transition, des Service Improvements und dem Continual Service Improvement,[21] auf die hier aber nicht näher eingegangen wird.

ITSM und Datenschutz

In diesem Kapitel soll der Zusammenhang von ITSM mit dem Thema Datenschutz beleuchtet werden. Hierfür werden die DSGVO und ITIL verglichen und auf etwaige Gemeinsamkeiten untersucht. Zunächst werden die Grundlagen der DSGVO vorgestellt, um darauf aufbauend die erkannten Zusammenhänge und Synergien zwischen der DSGVO und ITIL zu erläutern.

Grundlagen zur DSGVO

Die DSGVO wurde am 04.05.2016 veröffentlicht, trat am 24.05.2016 in Kraft und gilt seit dem 25.05.2018.[22] Damit löst sie die bisher geltende EU-Datenschutzrichtlinie 95/46/EG, welche in Deutschland mittels des Bundesdatenschutzgesetzes (BDSG) umgesetzt wurde, ab.[23] Da es sich bei der DSGVO um eine europäische Verordnung handelt, gilt

---

[20] Vgl. BSI, BSI-Standard 200-1, S. 37
[21] Vgl. Kamphenkel Kai, ITIL und Informationssicherheitssysteme nach ISO 27001
[22] Vgl. DSGVO Art. 99 Abs. 1, 2
[23] Vgl. DSGVO Art. 94 Abs. 1

sie direkt in allen Mitgliedsstaaten und bedarf keines nationalen Umsetzungsgesetzes.[24]

Die DSGVO enthält Vorschriften zum Schutz natürlicher Personen bei der Verarbeitung personenbezogener Daten.[25] Das Ziel der DSGVO ist es, eine Harmonisierung der Datenschutzregeln innerhalb der EU-Mitgliedstaaten zu erreichen und das Datenschutzniveau zugunsten der von der Verarbeitung betroffenen Personen zu erhöhen. Außerdem soll mit der DSGVO eine Anpassung an die raschen technologischen Änderungen erfolgen.[26]

Die Einhaltung der DSGVO verlangt von betroffenen Unternehmen eine regelmäßige zeit- und kostenintensive Überprüfung ihrer bisherigen Datenschutzstandards. Aus diesem Grund sollten Unternehmen zunächst prüfen, ob die DSGVO auf sie Anwendung findet und ob sie vom Inkrafttreten der DSGVO betroffen sind. Hierfür sind insbesondere der sachliche sowie der räumliche Anwendungsbereich der DSGVO relevant.[27]

Der sachliche Anwendungsbereich der DSGVO gilt gemäß Art. 2 Absatz 1 für *„die ganz oder teilweise automatisierte Verarbeitung personenbezogener Daten sowie für die nichtautomatisierte Verarbeitung personenbezogener Daten, die in einem Dateisystem gespeichert sind oder gespeichert werden sollen."*[28] Unter einem Dateisystem ist dabei jede strukturierte Sammlung von Daten zu verstehen.[29] Der sachliche Anwendungsbereich der DSGVO umfasst also jede mögliche Verarbei-

---

[24] Vgl. DSGVO Art. 99 Abs. 1, 2

[25] Vgl. DSGVO Art. 1 Abs. 1

[26] Vgl. Voigt Paul, von dem Bussche Axel, EU-Datenschutz-Grundverordnung (DSGVO) Praktikerhandbuch, S. 1

[27] Vgl. Voigt Paul, von dem Bussche Axel, EU-Datenschutz-Grundverordnung (DSGVO) Praktikerhandbuch, S. 11

[28] DSGVO16 Art. 2 Abs. 1

[29] Vgl. DSGVO Art. Abs. 6

tung von personenbezogenen Daten. Das bedeutet, dass die Verordnung für ein Unternehmen relevant wird, sobald irgendeine Tätigkeit zur Verarbeitung von diesen Daten vorgenommen wird.[30]

Laut Artikel 3 betrifft der räumliche Anwendungsbereich der DSGVO die Verarbeitung personenbezogener Daten, sofern diese im Rahmen der Tätigkeiten eines Verantwortlichen in der EU erfolgt, auch wenn die Verarbeitung der Daten selbst außerhalb der EU stattfindet.[31]

Des Weiteren kann aber auch die Verarbeitung personenbezogener Daten durch einen Verantwortlichen, der nicht in der EU niedergelassen ist, zum räumlichen Anwendungsbereich der DSGVO gehören. Dies ist der Fall, wenn die Datenverarbeitung im Zusammenhang damit steht, dass gegenüber betroffenen Personen in der EU Waren oder Dienstleistungen angeboten werden oder das Verhalten betroffener Personen beobachten werden soll, sofern ihr Verhalten innerhalb der EU erfolgt.[32]

Im Sinne der DSGVO kann es sich bei einem Verantwortlichen um eine natürliche oder juristische Person, Behörde, Einrichtung oder Stelle handeln. Außerdem kann der Verantwortliche alleine oder mit mehreren über die Zwecke und Mittel der Verarbeitung von personenbezogenen Daten entscheiden.[33]

Damit Daten in den Anwendungsbereich der DSGVO fallen, müssen sie personenbezogen sein. Daten weisen laut der Begriffsbestimmung in Artikel 4, Absatz 1 einen Personenbezug auf, wenn sie sich auf eine identifizierte oder identifizierbare natürliche Person beziehen. Eine natürliche Person wird als identifizierbar angesehen, wenn die Identifi-

---

[30] Vgl. Voigt Paul, von dem Bussche Axel, EU-Datenschutz-Grundverordnung (DSGVO) Praktikerhandbuch, S. 11
[31] Vgl. DSGVO16 Art. 3 Abs. 1
[32] Vgl. DSGVO Art. 3 Abs. 2a, b
[33] Vgl. DSGVO Art. 4. Nr. 7

zierung aufgrund vorhandener Daten möglich ist. Hierbei kann es sich bspw. um den Namen einer Person, eine Identifikationsnummern, Standortdaten oder Online-Kennungen wie z.B. IP-Adressen oder Cookies handeln.[34]

Unter dem Begriff „Verarbeitung" ist gemäß Artikel 4 Absatz 2 der DSGVO jeder Vorgang im Zusammenhang mit personenbezogenen Daten zu verstehen – unabhängig davon, ob automatisierte Verfahren genutzt werden oder nicht. Von dieser Definition wird praktisch jeder Umgang mit Daten erfasst. Beispiele sind u. a. das Erheben, das Erfassen, die Organisation, das Speichern, die Veränderung, die Bereitstellung, das Löschen oder die Vernichtung von Daten.[35]

Die DSGVO führt in Artikel 5 eine Rechenschaftspflicht ein. Das Prinzip der Rechenschaftspflicht besteht aus zwei Elementen. Zum einen aus der Verpflichtung des Verantwortlichen, die Einhaltung der DSGVO sicherzustellen, und zum anderen aus der Befähigung des Verantwortlichen, diese Einhaltung gegenüber den Aufsichtsbehörden nachzuweisen.[36] Die Einführung des Rechenschaftsprinzips hat zum Ziel, den Verantwortlichen für den Datenschutz zu sensibilisieren und seine Verpflichtung zur Einhaltung eines angemessenen Schutzniveaus zu stärken. Es bringt für Unternehmen aber auch einen erheblichen Dokumentationsaufwand mit sich.[37]

Neben den Pflichten für datenverarbeitende Unternehmen beinhaltet die DSGVO auch Rechte für betroffene Personen. Hierzu gehören u. a. das Recht auf Information und Auskunft bei der Erhebung personenbezogener Daten, das Recht auf die Berichtigung und Löschung personen-

---

[34] Vgl. DSGVO Art. 4. Nr. 1
[35] Vgl. DSGVO Art. 4. Nr. 2
[36] Vgl. DSGVO Art. 5 Abs. 2
[37] Vgl. Baur Theresa, Die EU-Datenschutzgrundverordnung bringt umfassende Änderungen

bezogener Daten sowie das Recht auf Einschränkung der Verarbeitung.[38]

Zusammenhänge zwischen DSGVO und ITIL

Seit dem 25. Mai 2018 müssen Unternehmen zahlreiche Neuerungen und Änderungen im Datenschutz angemessen umgesetzt haben. Für die Einhaltung der umfangreichen DSGVO-Anforderungen sind sowohl technische als auch organisatorische Maßnahmen umzusetzen.[39] Bei der erfolgreichen Umsetzung dieser Maßnahmen kann es hilfreich sein, wenn ein Unternehmen bereits ITIL anwendet.

Dies trifft z.B. auf die ITIL Phase „Service Design" zu. ITIL sieht vor, dass bereits bei der Definition einer Service-Strategie grundlegende Datenschutzanforderungen berücksichtigt werden. Daher bietet sich die Möglichkeit an, auf den ITIL-Anordnungen aufzubauen und sie entsprechend der DSGVO anzupassen.[40]

Auch die ITIL-Prozesse im Bereich Service-Management bilden eine geeignete Grundlage zur effektiven Gestaltung der Prozesse im Hinblick auf die Anforderungen der europäischen Datenschutzverordnung.[41] Hierzu zählt z.B. die Anforderung an die Sicherheit der Verarbeitung, welche in Artikel 32 der DSGVO formuliert ist.[42] Der Artikel besagt, dass ein ganzheitliches Informationssicherheitsmanagement notwendig ist, um das erforderliche Schutzniveau dauerhaft und wirksam zu etablieren.[43]

---

[38] Vgl. DSGVO Art. 13 ff.
[39] Vgl. DSGVO Art. 25 Abs. 1
[40] Vgl. ITSM Consulting GmbH, EU-DSGVO fordert auch das IT Service Management heraus
[41] Vgl. ITSM Consulting GmbH, EU-DSGVO fordert auch das IT Service Management heraus
[42] Vgl. Kamphenkel Kai, ITIL und Informationssicherheitssysteme nach ISO 27001
[43] Vgl. DSGVO Art. 32 Abs. 1 ff.

Bei der Umsetzung von ITSM nach ITIL ist ebenfalls ein Informations-sicherheitsmanagement gefordert. Innerhalb der Phase Service Design definiert ITIL den Prozess „ISM". Im Rahmen des ISM wird der Aufbau eines Information Security Management Systems (ISMS) basierend auf der ISO-Norm 27001 beschrieben. Der ISM-Prozess hat zum Ziel, für sämtliche Service- und Service-Management-Aktivitäten einen effektiven Umgang mit Informationssicherheit zu gewährleisten.[44] Das bedeutet, dass die Umsetzung des ITIL-Prozesses ISM zur Erfüllung der Anforderungen der DSGVO beiträgt.

Das Inkrafttreten der DSGVO bringt aber auch neue Anforderungen und Konsequenzen für das ITSM und die ITIL-Prozesse mit sich.[45] Bspw. kann eine Anpassung bzw. Neuausrichtung von Vertragsvereinbarungen und eine sorgfältige Ausgestaltung von Service Level Agreements (SLA) erforderlich sein, um den Ansprüchen der DSGVO gerecht zu werden. Auch die Verpflichtung zur kontinuierlichen Überprüfung von Wirksamkeit und Angemessenheit muss in den Service-Prozessen und -Funktionen von ITIL berücksichtigt werden.[46]

Die Rechte der betroffenen Personen, die in Kapitel III der DSGVO definiert sind, und die damit einhergehenden Pflichten der datenverarbeitenden Unternehmen erfordern ebenfalls eine Anpassung des ITSM bzw. der ITIL-Prozesse. Mit dem Inkrafttreten der Verordnung besteht für Service-Organisationen die Notwendigkeit, genau zu wissen, welche personenbezogenen Informationen wann, wie und wo verarbeitet und gespeichert werden. Weiterhin müssen Unternehmen ihre IT-Service-Prozesse dahingehend strukturieren, dass eine Herausgabe oder

---

[44] Vgl. Kamphenkel Kai, ITIL und Informationssicherheitssysteme nach ISO 27001
[45] Vgl. ITSM Consulting GmbH, EU-DSGVO fordert auch das IT Service Management heraus
[46] Vgl. ITSM Consulting GmbH, EU-DSGVO fordert auch das IT Service Management heraus

Löschung personenbezogener Daten auf Anfrage der betroffenen Personen jederzeit möglich ist.[47]

Fazit

Normen, Best Practices und Standards können dafür sorgen, dass Unternehmen und Behörden besser und effektiver arbeiten können. Zudem bilden sie die Grundlage für das Erreichen von Datenschutz- und Informationssicherheitszielen.

In der Ausarbeitung wurde gezeigt, dass rechtlich verpflichtende Verordnungen und ein Framework wie ITIL Synergien aufweisen können. So bildet ITIL teilweise eine geeignete Grundlage zur Umsetzung der DSGVO, indem z.B. ein geeignetes Managementsystem genutzt wird. Es hat sich jedoch auch gezeigt, dass ITIL-Prozesse erweitert werden müssen, um komplett konform mit der DSGVO zu sein. So kann bereits bei der Ausarbeitung des Service Designs die DSGVO Beachtung finden und in die Definition der Services mit einbezogen werden.[48] Das Thema Datenschutz und Datenschutzmanagement kann zudem als weiterer ITIL-Prozess oder alternativ als Teil eines jeden ITIL-Prozesses betrachtet werden.[49]

Es hat sich außerdem gezeigt, dass der IT-Grundschutz und ITIL ebenfalls in Ausschnitten Synergieeffekte erzeugen können. Insbesondere der Prozess des Service Designs und das darin enthaltene Information Security Management weisen viele Vorgaben auf, welche sich in beiden Ausarbeitungen decken. Aber auch weitere Teile von ITIL weisen

---

[47] Vgl. Ostler Ulrike, ITSM im Fokus der Datenschutz-Grundverordnung

[48] Vgl. Klotz Michael, Kriegel Jörn, ITIL und Datenschutz: Überlegungen für eine Integration des Datenschutzes in das ITIL-Framework S. 21

[49] Vgl. Klotz Michael, Kriegel Jörn, ITIL und Datenschutz: Überlegungen für eine Integration des Datenschutzes in das ITIL-Framework S. 21

Überschneidungen mit dem IT-Grundschutz auf, die in dieser Ausarbeitung jedoch nicht weiter betrachtet wurden.

Generell lässt sich sagen, dass Unternehmen und Behörden bei der Auswahl von Frameworks auf Synergieeffekte mit anderen Normen oder Standards achten sollten. Sie sollten möglichst so gewählt werden, dass sie in der Anwendung voneinander profitieren können. Bei der Implementierung der Frameworks ist darauf zu achten, dass bestehende Rechtsvorschriften eingehalten werden und angekündigte Gesetzesänderungen schnell in die laufenden Prozesse integriert werden.

Zudem wurde gezeigt, dass ITSM in vielen Unternehmensbereichen einen hohen Stellenwert einnehmen kann. Mit ITIL können Synergien bei den Themen der Informationssicherheit und des Datenschutzes erreicht werden. Da sich Verordnungen und Standards jedoch fortlaufend ändern, ist auch eine fortlaufende Anpassung und Kontrolle der internen Prozesse unabdingbar.

Verwendete und weiterführende Literatur

Baur, Theresa. "Die EU-Datenschutzgrundverordnung bringt umfassende Änderungen" Abgerufen am: 10.02.2019 https://www.akademie-herkert.de/neuigkeiten-fachwissen/datenschutz-it-sicherheit/1461-die-eu-datenschutzgrundverordnung-bringt-umfassende-aenderungen

BSI. "Überblick über IT-Grundschutz – Entscheidungshilfe für Manager" Abgerufen am: 10.02.2019 https://www.bsi.bund.de/SharedDocs/Downloads/DE/BSI/Publikationen/Broschueren/Ueberblick-IT-Grundschutz.pdf?__blob=publicationFile&v=5

BSI. "IT-Grundschutz – Das Original in der Informationssicherheit" Abgerufen am:10.02.2019 https://www.bsi.bund.de/DE/Themen/ITGrundschutz/ITGrundschutzAbout/itgrundschutzAbout_node.html

BSI. "IT-Grundschutz-Kompendium – Edition 2019" Abgerufen am: 10.02.2019 https://www.bsi.bund.de/DE/Themen/ITGrundschutz/ITGrundschutzKompendium/itgrundschutzKompendium_node.html

BSI. "IT-Grundschutz – Motivation und Ziele der Modernisierung des IT-Grundschutzes" Abgerufen am: 10.02.2019 https://www.bsi.bund.de/DE/Themen/ITGrundschutz/ITGrundschutzAbout/IT-Grundschutz-Modernisierung/Motivation/itgrundschutz_motivation_node.html

BSI. "IT-Grundschutz – IT-Grundschutz-Profile" Abgerufen am: 10.02.2019 https://www.bsi.bund.de/DE/Themen/ITGrundschutz/ITGrundschutzProfile/itgrundschutzProfile_node.html

BSI. "IT-Grundschutz – Übersicht über IT-Grundschutz – Profile" Abgerufen am: 10.02.2019 https://www.bsi.bund.de/DE/Themen/ITGrundschutz/ITGrundschutzProfile/Profile/itgrundschutzProfile_Profile_node.html

BSI. "BSI-Standard 200-2 – IT-Grundschutz-Methodik"
Abgerufen am: 10.02.2019
https://www.bsi.bund.de/SharedDocs/Downloads/DE/BSI/Grundschutz/
Kompendium/standard_200_2.pdf?__blob=publicationFile&v=6

BSI. "IT-Grundschutz – BSI-Standards"
Abgerufen am: 10.02.2019
https://www.bsi.bund.de/DE/Themen/ITGrundschutz/ITGrundschutzSta
ndards/ITGrundschutzStandards_node.html

Datenschutz-Grundverordnung EU-DSGVO. Abgerufen am 11.02.2019
https://dsgvo-gesetz.de

ITSM Consulting GmbH. "EU-DSGVO fordert auch das IT Service Management heraus" Abgerufen am 10.01.2019
https://www.itsm-consulting.de/news-events/news-feed/eu-dsgvo-
fordert-auch-das-it-service-management-heraus/

Kamphenkel, Kai. "ITIL und Informationssicherheitssysteme nach ISO 2700"
Abgerufen am 10.02.2019
https://www.all-about-security.de/security-artikel/management-und-
strategie/single/itil-und-informationssicherheitssysteme-nach-iso-
27001/

Klotz Michael. Kriegel, Jörn. *ITIL und Datenschutz: Überlegungen für eine
Integration des Datenschutzes in das ITIL-Framework.* Stralsund:
Fachhochschule Stralsund, Stralsund Information Management Team,
2012

Ostler Ulrike. "ITSM im Fokus der Datenschutz-Grundverordnung"
Abgerufen am 10.02.2019
https://www.datacenter-insider.de/itsm-im-fokus-der-datenschutz-
grundverordnung-a-622517/

Voigt, Paul. von dem Bussche, Axel. *EU-Datenschutz- Grundverordnung
(DSGVO) Praktikerhandbuch.* Berlin: Springer-Verlag, 2018

182

Anhang

Der Anhang beinhaltet den kompletten Fragebogen der Umfrage.

Demographie & Unternehmen

Ziel: Allgemeine Rahmendaten zur antwortenden Person und deren Unternehmen erfassen.

- In welchen der folgenden Branchen ist ihr Unternehmen tätig? (Mehrfachnennungen möglich)

    o Land- und Forstwirtschaft, Fischerei, Bergbau

    o Energie- und Wasserversorgung

    o Chemisch-pharmazeutische Industrie, Life-Science

    o Metallerzeugende und -verarbeitende Industrie

    o Maschinen- und Anlagenbau

    o Automobilindustrie und Zulieferer

    o Herstellung von elektrotechnischen Gütern, IT-Industrie

    o Konsumgüter-, Nahrungs- und Genussmittelindustrie

    o Medien, Papier- und Druckgewerbe

    o Baugewerbe, Handwerk

    o Groß- und Einzelhandel (inkl. Online-Handel)

    o Banken und Versicherungen

    o Transport, Logistik und Verkehr

    o Hotel- und Gastgewerbe, Tourismus

o Dienstleistungen für Unternehmen

o Öffentliche Verwaltung, Gebietskörperschaften, Sozialversicherung

o Gesundheits- und Sozialwesen

o Schule, Universität, Hochschule

o Andere Branchengruppe

o Keine Angabe

• Befindet sich der Hauptsitz ihres Unternehmens im Bereich Ostwestfalen-Lippe?

    o Ja

    o Nein

• In welchem Unternehmen sind Sie beschäftigt? (Diese Information wird ausschließlich zur Identifikation von Mehrfachantworten aus demselben Unternehmen verwendet – in keinem Fall wird diese Information für unternehmensspezifische Auswertungen verwendet)

    o Unternehmen nennen

    o Ich möchte mein Unternehmen nicht nennen

• Wie viele Beschäftigte sind in Ihrem Unternehmen tätig?

    o 1 - 50 Beschäftigte

o 51 - 100 Beschäftigte

o 101 - 500 Beschäftigte

o 501 - 1000 Beschäftigte

o 1.001 - 5000 Beschäftige

o 5001 - 10000 Beschäftigte

o 10.001 Beschäftigte und mehr

o Keine Angabe

• Wie viele Mitarbeiter arbeiten in Ihrer IT?

o 1 - 10

o 11 – 50 IT-Mitarbeiter

o 51 - 100 IT-Mitarbeiter

o 101 – 500 IT-Mitarbeiter

o 501 IT-Mitarbeiter und mehr

o Keine Angabe

• Arbeiten Sie selbst in der IT Ihres Unternehmens?

o Ja

o Nein

• Welche dieser Hierarchiepositionen trifft am ehesten auf ihre Rolle zu:

o Operative Ebene

- o 1. Führungsebene
- o Mittleres Management
- o Top Level Management

ITSM Allgemein

Ziel: Status & Stellenwert von ITSM im Unternehmen ermitteln.

- • Welche der folgenden Normen, Frameworks und Standards werden im Rahmen des IT-Service-Managements Ihres Unternehmens eingesetzt?
  - o IT Infrastructure Library (ITIL)
  - o Microsoft Operations Framework (MOF)
  - o ISO/IEC 20000
  - o ISO 9000 / 9001
  - o Business Process Framework (eTOM)
  - o COBIT
  - o FitSM
  - o TOGAF
  - o Zachman Framework
  - o Sonstige – bitte nennen:

- • Wie zufrieden sind Sie insgesamt mit dem IT-Service-Management Ihres Unternehmens?
  - o Sehr zufrieden

o   Zufrieden

o   Eher zufrieden

o   Eher nicht zufrieden

o   Nicht zufrieden

o   Gar nicht zufrieden

Inwieweit können Sie den folgenden Aussagen rund um das IT-Service-Management in Ihrem Unternehmen zustimmen?

	Stimme voll zu	Stimme eher zu	Stimme Eher nicht zu	Stimme Nicht zu	Weiß Nicht
ITSM sorgt generell für eine bessere Servicequalität in der IT	☐	☐	☐	☐	☐
Standardisierte Prozesse in der IT steigern die Anwenderzufriedenheit	☐	☐	☐	☐	☐
Durch ITSM haben wir weniger IT-Ausfälle	☐	☐	☐	☐	☐
Durch ITSM ist der IT-Sourcing-Prozess professionalisiert worden	☐	☐	☐	☐	☐
Die Steuerung der IT-Organisation wäre ohne ITSM nicht denkbar	☐	☐	☐	☐	☐
Mit ITSM können wir unsere IT-Kosten besser zuordnen	☐	☐	☐	☐	☐
Die IT-Sicherheit verbessert sich durch ITSM	☐	☐	☐	☐	☐

Wir sind besser in der Lage Datenschutzregeln einzuhalten	☐	☐	☐	☐	☐
Um unsere geplanten ITSM Projekte durchzuführen, müssen wir unser Personal weiterbilden (in Bezug auf ITSM Know-How)	☐	☐	☐	☐	☐
Um unsere geplanten ITSM Projekte durchzuführen, benötigen wir zusätzliche ITSM Fachkräfte	☐	☐	☐	☐	☐

- Was sind aus Ihrer Sicht die größten Hürden für eine erfolgreiche
  Einführung und Nutzung von IT-Service-Management?

	Stimme zu	Stimme Nicht zu	Weiß Nicht
Fachkräftemangel	☐	☐	☐
Zu geringe Budgets	☐	☐	☐
Business-IT-Alignment	☐	☐	☐
Komplexität der Werkzeuge	☐	☐	☐
Komplexität der Frameworks	☐	☐	☐
Reaktives Arbeiten statt proaktiv	☐	☐	☐
Arbeitsbelastung	☐	☐	☐

Andere Hürden – bitte nennen:	-...
	-...
	-...

- Ist ihr Unternehmen nach einer standardisierten ITSM Norm zertifiziert?
    - Ja → wenn ja welche? + was war die ausschlaggebende Motivation für die Zertifizierung?
    - Nein → wenn nein, wird eine solche Zertifizierung angestrebt (wenn ja welche)

	Norm genutzt	Norm zertifiziert	Norm angestrebt
ITIL	☐	☐	☐
MOF	☐	☐	☐
ISO/IEC 20000	☐	☐	☐
ISO 9000 / 9001	☐	☐	☐
eTOM	☐	☐	☐
COBIT	☐	☐	☐
FitSM	☐	☐	☐

Prozessspezifische Fragen

Ziel: Status & Stellenwert von bestimmten ITSM Prozessen im Unternehmen ermitteln.

- Wie schätzen Sie den Reifegrad Ihres Unternehmens – IT-Service-Managements - ein, um mit den Herausforderungen der Digitalisierung umzugehen?
  - o Sehr gut
  - o Gut
  - o Eher gut
  - o Eher schlecht
  - o Schlecht
  - o Sehr schlecht

Kommentarfeld für den Grund

- Inwieweit sind die genannten ITSM Prozesse in Ihrem Unternehmen bereits umgesetzt oder ist deren Umsetzung geplant?

	BEREITS UMGE-SETZT	UMSET-ZUNG AKTUELL IM GANGE	UMSET-ZUNG GEPLANT	UMSET-ZUNG NICHT GEPLANT	WEIß NICHT
SERVICE PORTFOLIO MANAGE-MENT (SPM)	☐	☐	☐	☐	☐
CAPACITY MANAGE-MENT (CAPM)	☐	☐	☐	☐	☐

INCIDENT & SERVICE REQUEST MANAGE- MENT (ISRM)	☐	☐	☐	☐	☐
PROBLEM MANAGE- MENT (PM)	☐	☐	☐	☐	☐
CONFIGURA- TION MA- NAGEMENT (CONFM)	☐	☐	☐	☐	☐
CHANGE MANAGE- MENT (CHM)	☐	☐	☐	☐	☐
RELEASE & DEPLOYMENT MANAGE- MENT (RDM)	☐	☐	☐	☐	☐
CONTINUAEL SERVICE IMPROVE- MENT MA- NAGEMENT (CSI)	☐	☐	☐	☐	☐

Freitextfrage: welcher weitere ITSM-Prozess ist für Sie besonders wichtig?

Werkzeuge

Ziel: Ermitteln, welche Art von Werkzeugen für ITSM eingesetzt werden & wie.

- Welche Art(en) von Softwarelösungen für das IT-Service Management setzt Ihr Unternehmen derzeit ein und welche wird Ihr Unternehmen mittel- oder langfristig einsetzen?
  - Software-as-a-Service-Lösung (SaaS / Cloud)
  - On Premise
  - Hybride Lösung
  - Weiß nicht
    - → je Antwort:
      - Derzeit im Einsatz ja/nein
      - Einsatz geplant ja/nein

- Welche ITSM Standardsoftware Werkzeuge setzt ihr Unternehmen ein?
  - HPE
  - BMC Software
  - SAP
  - helpLine
  - Omninet
  - ServiceNow
  - USU
  - Realtech
  - iET Solutions
  - Matrix 42
  - TOPdesk
  - Microsoft
  - Ultimo
  - Axios
  - HEAT Software

- o Weitere:
- • Mit Kommentarfunktion

- • Nutzen Sie neben ITSM Standardsoftware auch Eigenentwicklungen in diesem Bereich – wenn ja, warum?
  - o Ja + Freitext
  - o Nein, wir verwenden ausschließlich ITSM Standard-
    software
  - o Weiß nicht

- • Wie zufrieden sind Sie mit den in Ihrem Unternehmen eingesetzten ITSM Werkzeugen?
  - o Sehr zufrieden
  - o Zufrieden
  - o Eher zufrieden
  - o Eher nicht zufrieden
  - o Nicht zufrieden
  - o Gar nicht zufrieden

- • Inwiefern trifft folgende Aussage auf ihr Unternehmen zu: „Die
  Werkzeugunterstützung der ITSM Prozesse findet in einer integrierten Plattform statt" (als Kontrast zu mehreren Werkzeugen, die spezifisch für bestimmte Abteilungen oder Prozesse
  eingesetzt werden).
  - o Stimme voll zu
  - o Stimme eher zu
  - o Stimme eher nicht zu
  - o Stimme nicht zu
  - o Weiß nicht

- Was sind Ihrer Meinung nach die ausschlaggebenden Kriterien bei der Auswahl einer ITSM Software?

	Stimme voll zu	Stimme eher zu	Stimme Eher nicht zu	Stimme Nicht zu	Weiß Nicht
Guter Support	☐	☐	☐	☐	☐
Technologisches Know-how	☐	☐	☐	☐	☐
Prozess-Know-how	☐	☐	☐	☐	☐
Innovationskraft	☐	☐	☐	☐	☐
Branchenkompetenz	☐	☐	☐	☐	☐
Gutes Preis-Leistungs-Verhältnis	☐	☐	☐	☐	☐
Transparentes Preisgefüge	☐	☐	☐	☐	☐
Flexibles Lizenzmodell	☐	☐	☐	☐	☐
Finanzkraft/Stabilität des Herstellers	☐	☐	☐	☐	☐
Günstiger Anbieter	☐	☐	☐	☐	☐
Vertrauen in den Anbieter	☐	☐	☐	☐	☐
Persönlicher Kontakt	☐	☐	☐	☐	☐

Regionale Nähe des Anbieters	☐	☐	☐	☐	☐
Fester Ansprechpartner	☐	☐	☐	☐	☐
Gute Zusammenarbeit bei anderem IT-Projekt	☐	☐	☐	☐	☐
Möglichkeit, auf die weitere Entwicklung des Tools Einfluss zu nehmen	☐	☐	☐	☐	☐
Internationale/Globale Ausrichtung des Partners	☐	☐	☐	☐	☐
Kundenreferenzliste	☐	☐	☐	☐	☐
Empfehlungen von Kollegen/Bekannten/anderen Unternehmen	☐	☐	☐	☐	☐

Trends & Ausblick

Ziel: Erfassen, welche ITSM Trends in OWL als relevant angesehen werden + Feedback, Anmerkungen zum Fragebogen?

- Wie sehr sehen Sie Ihr Unternehmen für die Herausforderungen der Digitalisierung vorbereitet?
  - o Sehr gut
  - o Gut
  - o Eher gut
  - o Eher schlecht
  - o Schlecht
  - o Sehr schlecht

- Als wie relevant stufen Sie die folgenden Trends im Bereich ITSM für Ihr Unternehmen ein?

	Definitiv relevant	Möglicherweise relevant	Weniger relevant	Nicht relevant	Weiß Nicht
ITIL V4	☐	☐	☐	☐	☐
Agile ITSM	☐	☐	☐	☐	☐
DevOps	☐	☐	☐	☐	☐
Lean Service Management	☐	☐	☐	☐	☐
Cloud Computing	☐	☐	☐	☐	☐
Künstliche Intelligenz	☐	☐	☐	☐	☐
ESM	☐	☐	☐	☐	☐

- Sonstige Anmerkungen zum Thema ITSM in Ihrem Unternehmen?
  - → Freitext
- Anmerkungen zum Fragebogen?
  - → Freitext
- Möchten Sie über die Ergebnisse der Studie per E-Mail informiert werden? Wenn Ja, bitte stellen Sie uns hier die entsprechende E-Mail-Adresse zur Verfügung:
  - E-Mail-Adresse nennen
  - Ich möchte nicht informiert werden

Die Autoren

Die Autoren dieses Buches sind 20 Studierende des Masterstudiengangs Wirtschaftsinformatik an der FH Bielefeld. Die Umfrage wurde im Rahmen der Veranstaltung „IT-Service-Management" im 3. Semester des 4-semestrigen Masterstudiengangs durchgeführt. Ein Großteil der Studierenden hat vor dem Master bereits den Bachelorabschluss an der FH Bielefeld erworben. Einige von ihnen konnten im Rahmen von Praktika und Werkstudententätigkeiten bereits Erfahrungen in Unternehmen im Bereich bzw. mit IT-Service-Management sammeln.

Prof. Dr. Achim Schmidtmann ist seit 2017 Professor für Wirtschaftsinformatik, insbesondere betriebliche Informationssysteme/ERP-Systeme am Fachbereich Wirtschaft und Gesundheit der FH Bielefeld. Der Fokus seiner Lehre und Forschung liegt in der Beschäftigung mit IT-Service- und IT-Sicherheitsmanagement, betrieblichen Informationssystemen und dem Informationsmanagement. Von 2006-2017 war Prof. Schmidtmann Professor für Wirtschaftsinformatik am Fachbereich Informatik der FH Dortmund. Als Studiengangsleiter verantwortete er dort den Wirtschaftsinformatik Master sowie seit 2014 als CIO die hochschulweite IT-Strategie der FH Dortmund.

Danksagung

Als Herausgeber möchte ich mich zuerst einmal herzlich bei den Studierenden bedanken, denn letztendlich war dieses Buch sehr viel mehr als eine „normale" Prüfungsleistung. Danke sei auch Herrn Dierlamm für sein Geleitwort gesagt. Außerdem gilt mein Dank allen Kolleginnen und Kollegen an der FH Bielefeld sowie auch all den Personen und Gruppen, die unsere Umfrage unterstützt haben. Und schließlich möchte ich mich noch bei allen Umfrageteilnehmern bedanken, denn ihre Antworten stellen die Grundlage dieses Buches dar.

Über die Wirtschaftsinformatik an der Fachhochschule Bielefeld

An der FH Bielefeld im Fachbereich Wirtschaft und Gesundheit studieren aktuell ca. 300 Studierende in drei Wirtschaftsinformatik Studiengängen. Insgesamt bietet der Fachbereich über 3.300 Studierenden ein umfangreiches Angebot an Bachelor- und Masterstudiengängen.

Der Bachelorstudiengang Wirtschaftsinformatik wurde bereits im WS 2006/07 eingeführt und erfreut sich seitdem einer großen Nachfrage. Im WS 2016/17 folgte der Masterstudiengang Wirtschaftsinformatik und im WS 2018/19 wurde das Angebot noch um einen praxisintegrierten Bachelorstudiengang Wirtschaftsinformatik erweitert. Alle drei Studiengänge sind anwendungsorientiert und in den aktuellen Forschungskontext der Wirtschaftsinformatik eingebettet.

Die Wirtschaftsinformatik an der FH Bielefeld legt den Fokus des Studiums auf die Gestaltung betriebswirtschaftlicher Informationssysteme, die Digitalisierung betriebswirtschaftlicher Prozesse und IT-Management. Neben der umfassenden Vermittlung von fachlichen Kompetenzen ermöglichen praktische Team-Projekte, Praxisphasen und häufig ebenfalls in Unternehmen durchgeführte Abschlussarbeiten den Erwerb vielfältiger überfachlicher Kompetenzen. Das ganze wird abgerundet durch eine individuelle Betreuung und engen Kontakt zu den Dozentinnen und Dozenten.

Die Fachgruppe Wirtschaftsinformatik, der aktuell acht engagierte Professoren sowie vier hoch motivierte wissenschaftliche Mitarbeiterinnen und Mitarbeiter angehören, hält engen Kontakt insbesondere zur regionalen Wirtschaft, der auch zur Weiterentwicklung des Studienangebots genutzt wird. Auf dem jährlich stattfindenden Wirtschaftsinformatik-Transferforum führt sie Hochschule und Praxis zu aktuellen Themen der Wirtschaftsinformatik zusammen.